EL FUTUR ~~NEGRE~~ DEL DINER

ALEX HERNANDO

INDEX:

SOBRE MI

Segur que et preguntaràs, com és normal, qui és l'autor d'aquest llibre, em presento. Em dic Alex Hernando i soc **assessor financer titulat** amb el MIFID II, un jove nascut en el 2000 a Catalunya i amb formació financera i sobretot molt proactiu.

He estat **esportista semi professional** durant diversos anys i això m'ha ajudat a crear una mentalitat i disciplina que crec que és una de les meves majors virtuts.

Una vegada va acabar la meva etapa com a esportista d'elit, vaig començar la carrera en Comptabilitat i Finances, en l'esment de finances vaig descobrir alguna cosa que m'encantava i, com recompensa vaig aconseguir el **premi extraordinari al millor expedient acadèmic** del meu grau. A més, formo part del col·legi d'economistes de Catalunya i, malgrat la meva curta edat, ja he assistit a ponències fins i tot com a ponent davant de persones amb càrrecs rellevants com l'alcalde de Girona o altres.

Mai he deixat de formar-me, sobretot en l'àrea de finances personals, blockchain i criptomonedes, per això, en aquest llibre farem un viatge endinsant-nos en un esdeveniment que, al meu entendre, canviarà el sistema financer mundial i fins i tot semblem no saber-ho.
Si voleu saber més sobre mi o necessiteu qualsevol cosa, no dubteu a posar-vos en contacte amb mi des del meu perfil de Linkedin.

 Alex Hernando

SINOPSIS

Penses que les CBDC són simplement una altra avorrida moneda digital? Res més lluny de la realitat! Aquest llibre et portarà a entendre sense esforç què són les monedes digitals d'un banc central, i creu-me siguis qui siguis has d'entendre què són i perquè seran tan importants en els pròxims temps. I sense necessitat de ser un as en economia!

La majoria de la gent no ho sap, però en els pròxims anys viurem un canvi en l'economia mundial, recordes el canvi de la pesseta a l'euro? Una cosa encara molt major està per venir i la gent no sembla saber-ho! Et submergiràs en projectes sorprenents que potser mai has escoltat i descobriràs per què els bancs centrals de tot el món estan tan enamorats de les CBDC.

Saps quins són els principals projectes CBDC i quins usos els estan donant?

Segurament no sabràs la resposta, però et sorprendran la quantitat de països que tenen projectes ja en vigor i la importància que ja estan agafant.

D'altra banda, com tot en la vida, és molt important saber el perquè, és a dir, quin és el motiu real pel qual la majoria dels bancs centrals estan implementant la seva pròpia CBDC? No et preocupis, al llarg del llibre sabràs la resposta a aquesta i moltes més preguntes. Aposto que després d'aquest llibre veus l'economia i les CBDCs d'una altra forma completament diferent!

És el mateix una CBDC que una criptomoneda? Doncs la realitat és que són molt diferents! De fet, podríem considerar-les com l'heroi i el malvat, això sí, no revelaré quin és l'heroi i quin és el malvat, això hauràs d'esbrinar-ho per tu mateix durant la lectura.

A més, no sols t'explico moltes coses sobre elles, també t'explicaré els riscos que comporten i com podem jugar als escacs per a esquivar-los.

Per a acabar et proposo un repte:

El repte consisteix a contestar una pregunta primer abans de llegir el llibre i després una vegada l'hagis llegit. La pregunta és la següent:

Creus que realment s'implementaran les CBDC?

PRIMERA RESPOSTA (ABANS DE LLEGIR EL LLIBRE):

SEGONA RESPOSTA (DESPRÉS):

Sigui com sigui l'última resposta, t'agrairia que me la fessis saber deixant-me una ressenya a través d'Amazon, ja que m'interessa saber què opina la gent com tu sobre les CBDCs i sobre el meu llibre!

PREMI SORPRESA

Benvolgut lector, potser no ho sabràs, però, entre altres coses, em dedico a prestar serveis de Coaching Financer. Segurament et preguntaràs, Això què és? És senzill, a grans trets, presto els següents serveis:

T'ajudo a gestionar i millorar les teves finances personals.

> Objectius financers.

> Gestió de deutes i despeses.

> Assegurances i protecció financera.

Et motivo i et donc suport aportant-te tips i formació financera per a aconseguir els teus objectius.

Assessorament en gestió de carteres d'inversió i planificació de la teva jubilació.

Per què et dic això? Doncs perquè, per a agrair-te la teva lectura i suport, et regalaré una sessió gratuïta d'una hora amb mi per a analitzar la teva situació financera i veure com podem millorar-la.

Tan sols et demano un favor a canvi:

Has d'escriure una ressenya d'aquest llibre a Amazon i recomanar aquest llibre a dues persones, enviar-me una captura de pantalla de la ressenya i les recomanacions a elfuturonegrodeldinero@gmail.com.

Una vegada fet, et contestaré al missatge proposant-te una data per a la nostra sessió.

ENS POSEM EN SITUACIÓ ...

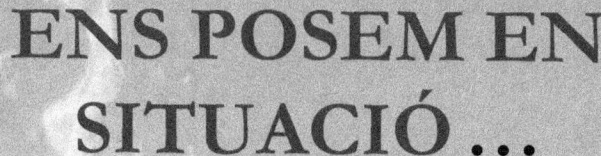

CAPÍTOL 1

AIXÍ PER COMENÇAR

1. ENS POSEM EN SITUACIÓ...

Introducció al món de les criptomonedes i a les CBDC

Benvingut! Entenc que després de llegir la sinopsi tens ganes de saber què són les CBDCs i per què podrien revolucionar el sistema financer, estàs en el lloc correcte. Però, parem-nos un moment. Abans de submergir-nos en el meravellós món de les CBDCs, fem un petit viatge a l'univers de les criptomonedes per a entendre-ho tot una mica millor.

Tirarem d'una analogia, imagina't les criptomonedes com a monedes digitals, però amb superpoders: estan protegides amb l'armadura de la criptografia i portades pel cavall alat de la blockchain. A diferència de les monedes que tens en la teva butxaca, recolzades per governs, les criptomonedes no estan controlades per cap autoritat central i això, té punts bons i altres no tan bons.

En 2009 va néixer Bitcoin, la primera criptomoneda, que gràcies al seu gran èxit va fer aparèixer milers d'altres monedes digitals, cadascuna ballant al ritme de la seva pròpia música, amb diferents característiques i diferents propòsits. Totes, no obstant això, tenen alguna cosa en comú: la tecnologia blockchain i la criptografia. Pensa en la blockchain com un llibre màgic que guarda cada història (transacció) de manera segura i transparent.

I com s'assegura que aquestes històries no es corrompin?

Bé, hi ha una comunitat de guardians (nodes) que vigilen i controlen la seguretat i integritat de la xarxa, per això mateix, com més gran és la blockchain (més nodes), més segura és.

En aquest sentit, per a definir-lo de forma una miqueta més tècnica, la blockchain és una tecnologia de llibre major distribuït (DLT) que permet el registre de les transaccions de manera segura, transparent i descentralitzada. En una xarxa blockchain, totes les transaccions es registren en blocs que s'enllacen entre si de manera cronològica i permanent, la qual cosa garanteix que la informació sigui immutable i incorruptible.

Ràpidament, les seves característiques principals són les següents:

Descentralització: Són mantingudes i verificades per una xarxa descentralitzada d'usuaris.

Seguretat: Gràcies a la criptografia no es pot modificar les transaccions realitzades.

Escassetat: La majoria de les criptomonedes tenen estipulats límits en la seva oferta, la qual cosa facilita que el preu tendeixi a l'alça.

Transparència: Encara que les transaccions són privades, la quantitat de criptomonedes en circulació és pública i la traçabilitat d'aquestes també.

Velocitat i baix cost: Solen tenir un cost molt inferior i una velocitat de transacció molt ràpida.

Anonimat: Les transaccions s'executen en direccions de la blockchain no vinculades a l'entitat real de la persona, seria com estar en una festa de màscares, pots saber els àlies que cadascun es posi en la llista, però no qui és qui.

Al llarg d'aquest llibre, entrarem detalladament sobre cadascuna d'aquestes característiques, no et preocupis!

D'altra banda, podem dividir les criptomonedes a nivell general en tres tipus:

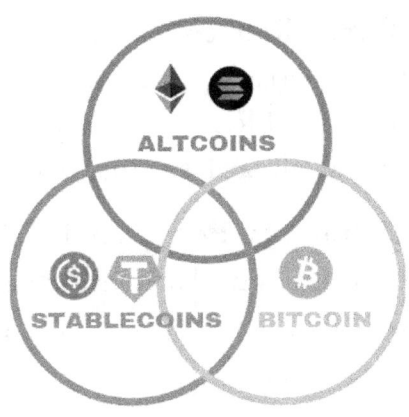

Bitcoin té més del 50% de la dominància de tot el patrimoni que mou el mercat de les criptomonedes actualment. Alguns l'utilitzen com a reserva de valor, uns altres per pura especulació i altres com a índex per a saber l'estat del mercat de les criptomonedes, del que no hi ha dubte, és que Bitcoin és la criptomoneda més important de totes. D'altra banda, la paraula altcoins prové del terme "Alternative Coins" i es refereix a qualsevol criptomoneda que no és Bitcoin.

Finalment, les stablecoins són criptomonedes dissenyades per a tenir un preu més estable i que acostumen a estar vinculades a una moneda fiduciària.

Ahh, i un petit spoiler: no totes les criptomonedes funcionen igual. Existeixen diferents "regles de joc" o protocols de consens. Des del famós Proof of Work de Bitcoin fins a l'exclusiu club del Proof of Authority.

Només per si vols saber més sobre això, t'explico per damunt en què es diferencien:

Proof of Work (PoW): Utilitzat per primera vegada per Bitcoin, es basa en la resolució de problemes criptogràfics complexos a través dels nodes miners per a verificar transaccions i agregar nous blocs al seu blockchain.

3

Proof of Stake (PoS): Requereix que els nodes que validen transaccions tinguin participació en la criptomoneda en qüestió, és a dir, els nodes inverteixen i bloquegen aquestes criptomonedes per a regular l'oferta i poder validar les transaccions.

Delegated Proof of Stake (DPoS): Similar al PoS, però amb una estructura més jeràrquica. Els titulars de tokens poden triar delegats per a representar-los i validar les transaccions en el seu nom, gairebé com les votacions electorals…

Proof of Authority (PoA): Atorga autoritat per a validar transaccions a nodes específics de la xarxa, en lloc de fer servir la potència de càlcul o participació.

D'altra banda, com pots veure en la següent pàgina, a les criptomonedes se li poden donar molts més usos que només especular amb elles com la majoria hem cregut en algun moment:

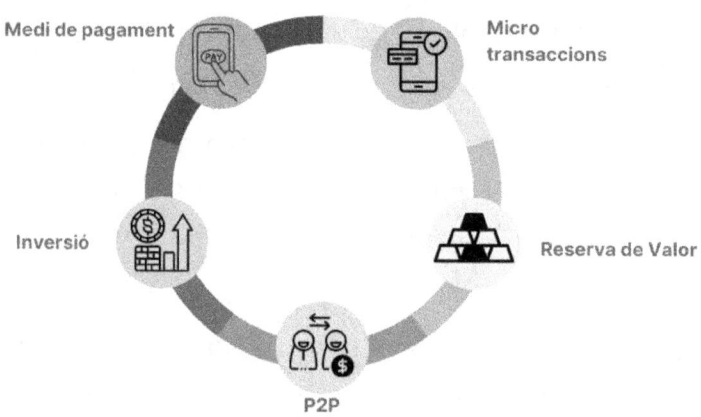

4

Però, tornant al nostre tema principal, les CBDCs. Què passa si et digués que són com les criptomonedes, però amb el suport dels grans caps (governs i bancs centrals)? Ambdues comparteixen moltes similituds, podries dir que són cosines! No obstant això, la diferència clau és qui té el control.

Per als bancs centrals, les CBDCs són com un diamant en brut: veuen un perill en les criptomonedes, però també una gran oportunitat amb la tecnologia darrere d'elles. I aquí és on comença la nostra veritable aventura. Continua llegint i descobrim junts el futur negre del diner!

Una revolució financera

Tranquil! Prometo que la part "tècnica" i amb noms estranys s'ha acabat. Aquí comencem el nostre viatge al món de les CBDC i t'asseguro, que entendràs al llarg d'aquest viatge, per què estic tan segur de lo rellevants que seran en un futur no gaire llunyà i el més curiós és que molts semblen estar amb els ulls embenats davant aquest canvi. Sí, em sorprèn (i potser a tu també, si no és ara, en acabar el llibre) que no es conegui a nivell global gaire bé res sobre aquest tema i l'impacte que tindrà en la dansa financera dels pròxims anys.

Així que, vaig decidir fer de detectiu! Vaig realitzar una enquesta a en Joan, la María i a tot aquell que es va creuar en el meu camí. La meva missió: evidenciar dues coses. La primera, que el ciutadà mig podria necessitar un parell de classes extra d'economia i finances. I la segona, que molts encara no tenen ni idea sobre què són les CBDCs. De fet, a molta gent a la que li comento que estic fent un llibre i els explico que tracta sobre les CBDC, és molt graciós veure les seves cares intentant dissimular perquè no saben si és un tipus de dieta, una droga o un nou tipus de música!

Veurem els resultats de l'enquesta...

La primera pregunta era molt fàcil:

1. ¿CREUS QUE TENS BONA FORMACIÓ FINANCERA?

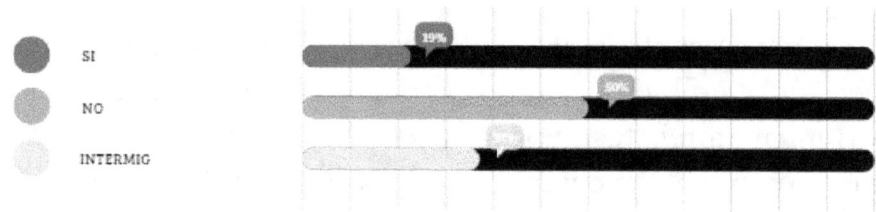

I ara, una dosi de realitat: al voltant de la meitat de les persones considera que té una formació financera entre decent i destacada. Però saps què és encara més intrigant? Quan deixem de mirar-nos al mirall i observem a la gent al nostre voltant, les respostes donen un gir inesperat...

Si llancem la pregunta cap al que pensem del coneixement financer de l'espanyol mitjà... prepara't per a algunes sorpreses!

2. ¿CREUS QUE ELS CIUTADANS ESPANYOLS, DE FORMA GENERAL, TENEN UN BON NIVELL FINANCER?

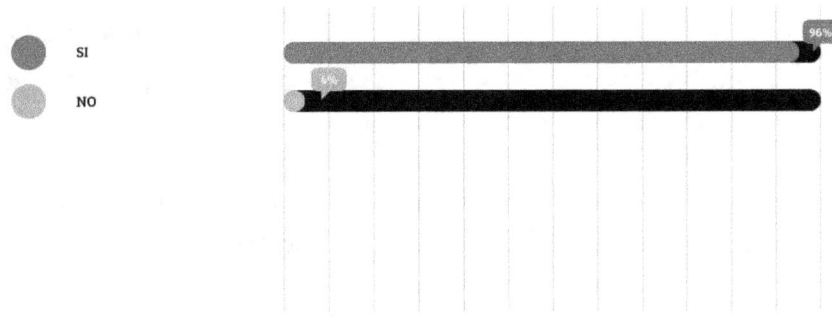

I aquí ve el gir còmic: Ara resulta que una gran majoria opina que el coneixement financer de l'espanyol mitjà... com ho dic, diguem que deixa molt a desitjar, és a dir, la meitat d'aquestes persones creu que, en el seu cas, el seu coneixement financer és de bon nivell o almenys intermedi, però alhora que el de la majoria dels espanyols és bastant mediocre... Quant menys interessant!

Encara que no ens ficarem en els laberints de la psicologia, és fascinant i, com menys curiós veure aquesta contradicció...

Però aprofundint més en l'assumpte, vaig plantejar la pregunta del milió als enquestats:

3. ¿SAPS QUÉ SON LES CBDC?

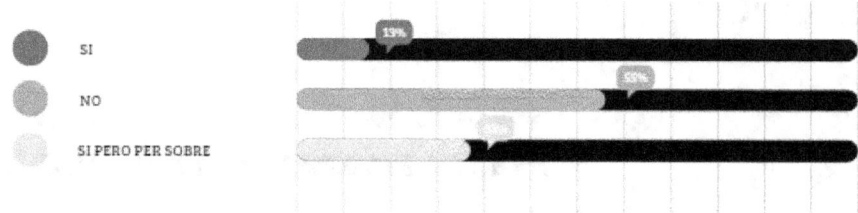

- SI
- NO
- SI PERO PER SOBRE

I els números parlen per si sols: la majoria de la gent o camina a les fosques respecte a les CBDCs o, en el millor dels casos, té una vaga idea.

El curiós de l'assumpte és que després de l'enquesta, vaig decidir acostar-me una mica més i xerrar amb alguns dels participants. I aquí ve la sorpresa: un d'ells, enmig de la nostra xerrada, va deixar caure una petita bomba: havia marcat que coneixia les CBDCs de manera superficial, però, en enfrontar-se a la pròxima pregunta següent capbussada a l'aigua! Es va adonar que realment no tenia ni idea.

4. ¿CREUS QUE S'IMPLEMENTARÀN EN UN FUTUR?

SI I AVIAT

SI PERÒ NO TAN AVIAT

NO

La lliçó de la història: el nombre real de persones que comprenen l'impacte monumental de les CBDCs en la nostra economia global... és sorprenentment escàs.

Després de revelar el misteri darrere de les CBDCs i preguntar-los sobre la seva eventual implementació, bingo! Les respostes van recolzar la meva tesi: una vegada se sap de què va l'assumpte, la gent intueix que aquestes monedes jugaran un paper estel·lar en la nostra economia. I, sent sincer, per a mi és més clar que l'aigua: les CBDCs seran titans en l'escenari econòmic mundial.

Això reforça el que sempre he cregut: estem a la vora d'una revolució financera que transformarà el tauler del joc econòmic.

I encara amb tot aquest rebombori, sembla que molts tenen les ulleres de sol posades en plena nit. Aposto que, si els enquestats llegissin aquest llibre de principi a fi, els percentatges es dispararien.

Així que, abans de llançar-nos de cap al moll de l'assumpte, vull compartir amb tu una eina que serà la teva brúixola en aquesta travessia pel llibre. Som-hi!

Definicions a tenir en compte

Bé, bé, bé! Abans de submergir-nos en el fascinant món de les CBDC, posem-nos les ulleres de bussejar. I amb ulleres de bussejar, em refereixo a un petit glossari. Sí, aclarirem aquests termes tècnics que a vegades sonen a xinès. Els desglossaré de manera breu i senzilla, així que, quan et topis amb ells en les pròximes pàgines, podràs dir: "Ah! Ja sé de quina parla". Considera això com la teva mini guia ràpida, el teu salvavides, per a no ofegar-te en argot i poder gaudir plenament del viatge que aquest llibre proposa. Som-hi!

Blockchain: També anomenada cadena de blocs és una tecnologia de registre distribuït que s'utilitza per a crear un registre immutable i segur de transaccions. Tots els blocs de la cadena, que contenen informació criptogràfica, estan connectats entre ells.

Criptomoneda: Moneda digital basada en la tecnologia blockchain i la criptografia que permet realitzar transaccions anònimes i segures dins de la blockchain.

Stablecoin: Tipologia de criptomoneda que representa una moneda fiduciària mantenint el seu preu igual que el de la moneda a la qual representa, aquesta criptomoneda s'emet per una empresa privada.

Banc central: Institució financera que s'encarrega de la política monetària i financera d'un país o conjunt d'aquests. S'encarrega d'emetre la moneda de curs legal, establir les taxes d'interès, regular el sistema bancari i mantenir l'estabilitat financera del país o regió.

Centralització: Implica que una sola entitat o persona tingui el control i l'autoritat sobre un sistema.

Descentralització: Implica la distribució de l'autoritat i de la presa de decisions en el conjunt de la xarxa o sistema, la qual cosa proporciona una major seguretat i transparència.

Oferta: Quantitat d'un bé o servei que està disponible (que s'ofereix) en un mercat determinat. Quanta menys oferta hi ha d'alguna cosa, més escàs és i per tant més valor té.

Demanda: Quantitat d'un bé o servei que se sol·licita pels consumidors en un mercat i moment determinat. Quanta més demanda hi ha d'alguna cosa, més gent la vol i per tant més valor té.

Token: Estan dissenyats per a representar actius físics o virtuals i s'emet i gestiona en una blockchain existent, no en la seva pròpia blockchain com sí que fan les criptomonedes.

White Paper: Document tècnic que descriu al detall un projecte d'una criptomoneda. Sol recollir informació com els objectius del projecte, la tecnologia que utilitzen, el seu protocol de consens, la seva oferta monetària, l'equip que el compon, etc.

Smart contracts: Contracte digital que s'executa automàticament en una blockchain sense necessitat d'intermediaris. S'utilitzen per a garantir la seguretat i confidencialitat de certes transaccions i contractes.

Diner fiduciari (FIAT): Diner de curs legal com el dòlar, l'euro, la lliura, etc.

Bull market: Període prolongat d'augment de preu d'actius financers com a accions o criptomonedes.

Halving: El halving de Bitcoin és un esdeveniment programat en el protocol de Bitcoin que passa cada 210.000 blocs (aproximadament cada quatre anys) que redueix a la meitat la recompensa dels miners i per tant la nova oferta de Bitcoins produïts.

Staking: Manera de validar transaccions en la qual els usuaris mantenen una certa quantitat de criptomoneda en una cartera per a donar suport a la xarxa i a canvi de recompenses en forma d'interessos en la mateixa criptomoneda.

Actiu subjacent: Bé o instrument financer en el qual es basa un contracte o derivat i el preu subjacent del qual determina el valor del contracte.

DLT: Per les seves sigles en anglès "Distributed Ledger Technology", significa tecnologia de registre distribuït, per la qual cosa la Blockchain és un tipus de DLT.

KYC: Per les seves sigles en anglès "Know your Costumer", és un procés pel qual es verifica que la informació del client és legítima per a garantir el compliment de les normatives que la regulen.

DeFi: Per les seves sigles en anglès "Decentralized Finance" o Finances Descentralitzades, és un sistema financer descentralitzat construït en una blockchain que utilitza els contractes intel·ligents per a permetre realitzar una gran quantitat de serveis financers sense necessitat d'entitats financeres tradicionals i sense KYC.

Perfecte! T'has armat amb una sèrie de termes essencials que et permetran no sols entendre les CBDC, sinó també el panorama més ampli de l'economia descentralitzada i les criptomonedes.

Si et sents aclaparat amb tota aquesta terminologia, no et preocupis, no has d'estudiar-te'ls. A mesura que avancis en el llibre, cadascun d'aquests termes s'anirà aclarint més i més amb exemples pràctics i aplicacions reals. I si en algun moment et perds, sempre pots tornar aquí per a refrescar la teva memòria.

Així que, amb aquesta eina en mà, què et sembla si ens submergim en el món de les CBDC i explorem junts la seva rellevància, com funcionen i què significa per al futur de l'economia mundial? Anem allà!

ENTRANT EN MATÈRIA

...

CAPÍTOL 2

¿D'ON HAN SORTIT?

2. ENTRANT EN MATÈRIA…

CBDC, això què és?

Ha arribat l'hora de submergir-nos junts en aquest fascinant món!

Les criptomonedes porten amb si una increïble capacitat de descentralització, una armadura impenetrable anomenada blockchain, i mantenen la nostra privacitat gràcies al seu anonimat. I, sobretot, no oblidem que gràcies a l'escassetat el seu valor a llarg termini tendeix a l'alça!

D'altra banda, la CBDC (o "Moneda Digital d'un Banc Central" per a aquells als quals, com a mi, els agrada traduir al català aquest tipus de coses) la podem veure com la cosina dolenta d'aquestes criptomonedes. Mentre que les criptomonedes són el cosí gran, la CBDC és aquella persona que, encara que porti corbata, sap com moure's en el món modern per a guanyar sempre sense importar a qui trepitgi en el camí. Emesa per un banc central, la CBDC és una moneda digital recolzada per la confiança i reputació de la institució que l'emet i acceptada com una moneda de curs legal.

Però espera! Hi ha més: a grans trets, hi ha dos tipus de CBDCs. Tenim les CBDC minoristes, per a tu i per a mi, fetes per a l'ús diari i després estan les CBDC majoristes; imagina aquestes com les targetes VIP per a les grans lligues, utilitzades principalment entre bancs centrals i titans financers. Però no et preocupis! Aprofundirem en això una mica més endavant.

I, perquè t'emportis una joia d'aquest apartat, aquí et deixo una definició de CBDC de creació pròpia que, en la meva humil opinió, les defineix a la perfecció:

Una moneda digital emesa per un banc central, que s'usa com a mètode de pagament oficial i que permet enfocar tots els avantatges que tenen les criptomonedes i la tecnologia blockchain per a controlar les transaccions de la població i millorar l'eficiència, la velocitat i els costos d'aquestes.

Son totes iguals?

Al ser una tecnologia molt nova i amb una implementació bastant curta en el temps, han sortit molts tipus de CBDC. Perquè ho enxampis millor, classificarem les CBDC en diverses categories:

Pot ser que estiguis pensant: "Vaja, això és més complicat del que pensava!", però no et preocupis. Ho desglossarem tot junts, pas a pas, i per a quan acabem, seràs el més culte del teu grup d'amics.

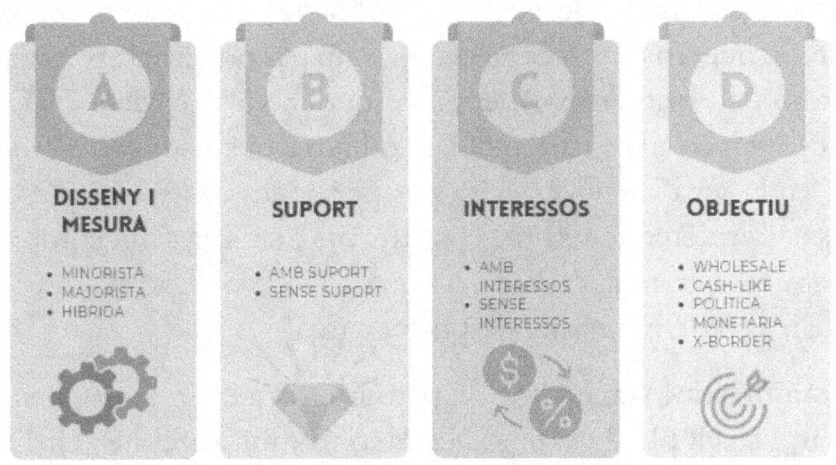

Així que, si estàs llest, comencem amb el primer tipus!

Segons el seu disseny i mesura

Si anéssim a una botiga de gelats i et preguntés quina mesura de gelat prefereixes, probablement tindries tres opcions: petit, gran o mitjà. Bé! Les CBDC no són molt diferents en aquest aspecte, encara que, és clar, en comptes de parlar de gelats, estem parlant de... diners digitals.

CBDC minorista: Imagina que poguéssim portar en el nostre mòbil una versió digital dels bitllets i monedes que solem tenir en la butxaca i que fossin acceptats com una moneda amb entitat pròpia des del primer moment. Perquè això són les CBDC minoristes! Són com els euros, dòlars o lliures que usem en el dia a dia, però en la seva versió 2.0. Emeses per bancs centrals, aquestes monedes et permeten fer els teus pagaments diaris, ja sigui comprar aquest caputxí que tant t'agrada o aquest llibre que portes mesos volent llegir i sense necessitat de portar canvi!

CBDC majorista: Ara, en lloc de pensar en aquest caputxí, pensa en un gran vaixell ple de caputxins. Això és molt cafè! Les CBDC majoristes són per a aquestes transaccions "de les grans lligues", dissenyades especialment per a aquestes operacions financeres gegants que normalment fan bancs i institucions financeres entre si. Probablement mai utilitzis aquesta tipologia de CBDC, però has de saber que la seva existència ajuda al fet que tot el sistema financer funcioni de manera més ràpida i eficient.

CBDC híbrida: Recordes aquesta mesura mitjana de gelat que vaig esmentar el principi? Bé, les CBDC híbrides són una cosa semblant. Aquestes CBDC combinen el millor de tots dos mons: són útils tant pel ciutadà del carrer com per les grans institucions financeres. Són com aquest tot terreny que et serveix tant per a la ciutat com per a la muntanya. Busquen proporcionar els avantatges de les CBDC minoristes i majoristes, creant una moneda digital versàtil i eficient per a tots a través d'una tecnologia més complexa.

Segons el seu suport

Pensa en això com si estiguessis triant una entrada per a un concert. Sí, sí, una entrada! Si l'agafes per una web oficial tindràs un suport i seguretat conforme aquesta entrada és de fiar, però si la compres en plataformes de productes de segona mà, possiblement no li tens tanta confiança. El mateix passa amb les CBDC; l'important aquí és què hi ha darrere d'elles, és a dir, el seu suport. Anem a l'embolic!

Has sentit parlar del patró oro? Fa ja temps, els diners que circulava estava vinculat directament a l'or. Si un país tenia X quantitat d'or, només podia imprimir X quantitat de diners. Però des de 1971, aquest sistema va canviar, i els diners ja no té aquesta relació directa amb l'or.

Avui dia, si mirem el sistema bancari tradicional, com el d'Espanya, et sorprendries el saber que, si de sobte tots anéssim a treure els nostres diners del banc, el banc només té una petita fracció en reserva, de fet, el Banc d'Espanya només els obliga a mantenir una reserva de l'1% dels seus dipòsits totals.

El que significa que el 99% dels diners que tenim dipositats en la nostra banca comercial, poden ser utilitzats per a altres fins més lucratius per a ells! Llavors, què passaria si tots anéssim a buscar els nostres diners als bancs? Crec que ja saps la resposta…

És com si tinguessis una guardiola, però només un petit percentatge és realment teu, i la resta l'utilitza el banc per a fer les seves pròpies operacions.

Però no et preocupis! Estàs cobert pel Banc d'Espanya fins a 100.000€. El problema seria si tots decidíssim fer el mateix... Quin embolic!

Amb això en ment, endinsem-nos en el suport de les CBDC:

CBDC recolzada per actius: Recordes els vells temps del patró oro? Bé, aquest tipus de CBDC té una relació similar, però no necessàriament amb l'or. Podria ser un altre actiu, com una moneda FIAT. Aquestes CBDC són com tenir un bitllet que diu "val per una xocolata". La idea és que són més estables perquè hi ha una cosa real darrere d'elles. No obstant això, com tot en la vida, té el seu costat dolent: Si el preu de l'actiu subjacent, (la xocolata o or, o qualsevol altre actiu) cau, podria afectar nostra CBDC i perdre valor.

CBDC sense suport: Aquí, la confiança no ve d'un objecte físic, sinó del propi banc central. És a dir, no tens un bitllet que diu "val per una xocolata", sinó més aviat un bitllet que diu "confia en mi, soc legal". Pot semblar menys atractiu perquè per si mateix no té cap valor intrínsec, però també té els seus avantatges: és més ràpid i econòmic.

I així és, benvolgut lector, com el suport afecta a les CBDC.

.Segons els interessos

Parlarem d'una cosa que a tots ens encanta: guanyar una mica més! Quan fiques diners en el banc, no seria genial que creixés només per ser-hi allà? Bé, les CBDC ens ofereixen dos escenaris diferents en aquest sentit, i te'ls explicaré!

CBDC amb interessos: Monedes digitals que et permeten obtenir un rendiment pel fet d'emmagatzemar-les, semblant al staking amb les criptomonedes PoS.

CBDC sense interessos: Aquestes són com aquest matalàs en el qual molta gent solia guardar diners a casa. Sí, els teus diners estan segurs, però no estan fent "màgia" per a créixer. És igual que els diners que usem tots els dies: ho gastes, ho estalvies, però no esperes que es treballi per si sol.

Ambdues opcions tenen els seus avantatges, però sembla que la majoria de les CBDC actuals prefereixen el "matalàs" en lloc de les que ens poden generar uns diners extres...

Segons l'objectiu o el problema que desitgen resoldre

Amic lector, digues-me una cosa, alguna vegada t'has preguntat per què existeixen diferents eines o aparells en una caixa d'eines? No usem un martell per a caragolar, veritat? D'igual manera, les CBDCs neixen amb diferents objectius en ment per a solucionar les deficiències específiques del nostre sistema financer actual.

Fem un cop d'ull:

TIPUS DE CBDC	ACCESIBILIDAD	IDENTIDAD	INTERESSOS
CBDC whole-sale	🔒 Restringida	📇 Identificada	→ Sense interessos
CBDC cash-like	🔓 Universal	Anónima	→ Sense interessos
Eina de política monetaria	🔓 Universal	Anónima	📊 Amb interessos
CBDC x-border	🔓 Universal	📇 Identificada	→ Sense interessos

CBDC wholesale: Imagina un club exclusiu on només unes certes entitats, com a bancs i institucions financeres, poden entrar. Aquestes CBDCs busquen millorar els sistemes de pagament a l'engròs i són com aquest club VIP: només per a membres selectes. No són anònimes (tots en el club es coneixen) i no et donen interessos perquè els seus sistemes de pagament es basen en comptes amb un valor nominal fix.

Però i si et dic que aquestes transaccions poden anar acompanyades de comptes que SI generen interessos en el banc central? Interessant, eh!

CBDC cash-like: Imagina poder portar els teus diners en forma digital en el teu telèfon intel·ligent. Aquestes CBDCs són el pont entre l'efectiu i el món digital. Encara que es necessita el vistiplau per a usar-les, són GAIREBÉ anònimes (i veurem per què dic això) i no et donen interessos. I aquí va la raó picant: pretenen reemplaçar als diners en efectiu per ser un mitjà de pagament més eficient, per ser menys anònim que els diners en efectiu, per a evitar falsificacions i fraus i, sobretot, perquè permet als governs i bancs centrals un control molt més gran de les transaccions dels ciutadans, però això no t'ho diran.

Nova eina de política monetària: Imagina un superheroi financer que ve a millorar els instruments de política monetària. Aquestes CBDCs són universals, gairebé com el Superman de les monedes. Són anònimes i, atenció!, poden donar-te rendiments. Es busca aprofitar el poder dels diners digitals per a jugar amb els tipus d'interès, ja siguin a favor o en contra per a millorar els instruments de política monetària i així evitar problemes financers com el límit inferior zero o crisis financeres.

CBDC x-border: Aquestes, d'altra banda, són com un salvavides per als bancs en temps de crisi. La seva missió és reduir (o somiar amb eliminar) les crisis bancàries. Són obertes per a tots, però eh!, res d'amagatalls aquí; no són anònimes. I no esperis interessos. Però hi ha una versió 2.0 que té com a objectiu principal fer front a les crisis bancàries a través d'una moneda específica, emesa per múltiples bancs centrals per a facilitar les transferències internacionals. Ah! I estan recolzades per una cistella d'actius en garantia. Això sona segur, veritat? Haurem de veure-ho…

Ara que ja saps que hi ha molts tipus de CBDCs, les més populars ara mateix són les CBDC cash-like. Sembla que el somni de molts bancs centrals és a dir "adéu-siau" al diner en efectiu tradicional, creus que passarà?

Quines són les seves característiques principals?

Ja saps què són les criptomonedes: aquestes monedes digitals que tots hem sentit nomenar. Ara, combina-les amb la confiança i suport del teu banc central. Sona interessant veritat? Les CBDC són una cosa així. Això no sols les fa tan legals com els bitllets que guardes en la teva cartera, sinó que també les posiciona com a eines potentíssimes perquè els governs posin en marxa polítiques monetàries més afinades. Així que sí, és com tenir el millor de tots dos mons, o no… Ja arribaràs tu solet (o soleta) a la teva pròpia conclusió al final del nostre viatge. Vegem ràpidament quines són les seves característiques principals:

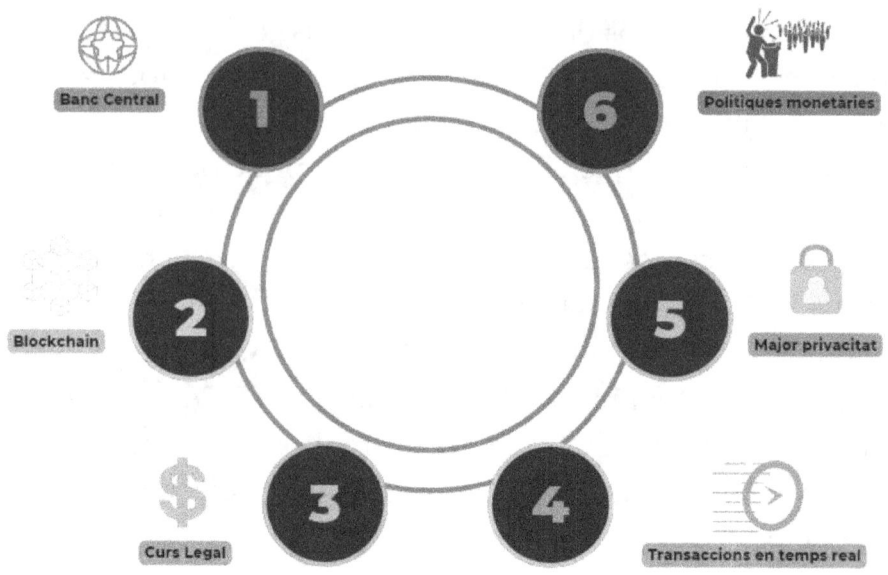

Emeses per un banc central: Son emeses, suportades i controlades per un banc central que decideix en tot moment quina política monetària utilitza en cada moment.

Blockchain: Per a garantir la transparència i la seguretat en les transaccions funcionen sota una infraestructura de tecnologia de comptabilitat distribuïda, la blockchain.

Moneda de curs legal: Són una forma de pagament oficial, cosa que significa que tenen el mateix estatus que els diners en efectiu i han de ser acceptades com a mètode de pagament per tots els ciutadans.

Transaccions en temps real: Poden ser transferides de manera immediata i amb la mateixa velocitat i eficiència que les criptomonedes.

Major privacitat: A diferència de les transaccions realitzades amb la targeta de crèdit bancària que deixen un rastre de dades en mans de tercers, les CBDC ofereixen una major privacitat.

Polítiques monetàries: Permet als bancs centrals implementar polítiques monetàries més efectives en cas de crisi o cicles econòmics negatius.

D'acord, estimat lector, tot això sembla molt bo veritat?

La veritat és que sí, però aquí podries diferenciar la teoria de la pràctica o, per dir-ho d'una altra manera, l'expectativa, de la realitat. Per a simplificar-ho, farem una analogia que crec que ens ho posa tot molt més senzill d'entendre!

Pensa en les CBDC com un cotxe futurista promocionat amb múltiples característiques avançades com ja hem vist. Al principi, et diuen que aquest cotxe té pilot automàtic, és súper veloç, i et permet ser invisible en el trànsit. Sona genial, veritat?

Accés Lliure vs Accés VIP: Imagina que aquest cotxe futurista només el poden conduir alguns. En teoria, tots hauríem de poder asseure'ns al volant, però en realitat, només els qui tenen una afiliació VIP (atorgada per uns certs "garatges" o bancs) poden fer-ho. Passa el mateix amb les CBDC, no disposen de lliure accés al contrari dels diners tradicionals, de fet, ara com ara, en la majoria dels projectes de CBDCs els bancs centrals decideixen a qui se'ls dona accés a elles i a qui no.

Invisibilitat controlada: Se suposa que el cotxe et fa invisible en la carretera, però hi ha un problema. Has de demanar permís cada vegada que vulguis usar aquesta funció i registrar-te. És com si et donessin una capa d'invisibilitat, però sempre amb una etiqueta que diu "Soc invisible... però amb permís!" Perquè el mateix passa amb les CBDC i la privacitat. Per això mateix et pregunto benvolgut lector, si has de demanar permís per a tenir privacitat, realment tens privacitat?

Registre del Viatge: Encara que pots anar on vulguis amb el teu cotxe, sempre hi ha un dron seguint-te que grava tots els teus moviments. Això és el que succeeix amb les transaccions realitzades amb les CBDCs; encara que poden ser entre parells, tot queda registrat en la Blockchain.

El "centre de control" (els bancs) sap on vas ser, quant temps vas ser allí i quant vas gastar.

No Pots "Emmagatzemar Combustible": Encara que t'encantaria guardar i acumular el teu propi combustible per a veure'l multiplicar-se (com el staking en criptomonedes), aquest cotxe futurista no ho permet. Però, com tot bon vehicle del futur, té la flexibilitat d'incorporar-lo si les circumstàncies canvien, sempre que al concessionari li interessi, perquè passa el mateix amb les CBDCs i els bancs centrals.

Per a concloure, encara que les CBDC se'ns presenten com una revolució financera amb moltes promeses, com amb tots els cotxes futuristes, és essencial llegir la lletra petita. I no oblidem que, darrere del volant, estan els bancs centrals i els governs marcant el rumb!

D'on surten?

Benvolgut lector, t'estic explicant en quin punt ens trobem, però, sobretot, cap a on ens dirigim i per això crec que és molt important saber d'on venim. Veritat?

Bé, desfarem aquest nus. Imagina un món on els bancs centrals, aquests gegants financers, veuen com un nou noi entra en el barri: Bitcoin i els seus amics cripto. Com l'adolescent rebel que és, Bitcoin mostra una manera de utilitzar i gestionar els diners que posa en escac a les antigues regles del joc.

Els bancs centrals, sentint-se com els vells rockers veient als joves punkies, decideixen que no es poden quedar enrere.

El resultat? Les CBDC, l'intent dels bancs centrals de fer la seva pròpia versió moderna i digital dels diners, inspirada en les criptomonedes, però amb el seu propi toqui controlador. Mentre Bitcoin crida "Llibertat i autonomia per a tots!", les CBDC responen "Ens modernitzarem i us controlarem tot el que puguem!".

De fet, malgrat que el projecte Lliura de Mark Zuckerberg va ser un fracàs, aquest va saber veure el potencial d'una moneda estable a nivell mundial lligada a les principals monedes i això va portar a diversos bancs centrals importants, sobretot el BCE (Banc Central Europeu), a prendre's les CBDC molt seriosament.

El missatge era clar: el món financer està canviant i tots volen un tros del pastís.

En aquest sentit, t'haig de revelar que es té la idea general que Bitcoin neix per a desplaçar per complet els diners fiduciaris, però des del meu humil punt de vista, Bitcoin neix més com una moneda que complementa les monedes fiduciàries i ens permet tenir en tot moment el control dels nostres diners usant-lo a més com a reserva de valor, simplement és una alternativa per a aquells que volen més control sobre els seus diners i més privacitat.

Així, el Fons Monetari Internacional (FMI) i els bancs centrals van començar a adonar-se que el sistema monetari actual té unes certes deficiències i que el mercat de les criptomonedes obre un espai entre els diners dels ciutadans i ells i, òbviament, això no els va agradar ni una miqueta, perquè poden perdre control sobre els diners i l'economia.

En certa manera, aquesta guerra per mantenir el monopoli dels diners a provocat el naixement de les CBDC.

I, saps què? Que no sols és qüestió de modernitzar-se; volen recuperar a tots els grans inversors que han estat coquetejant amb les criptomonedes, deixant enrere les monedes de sempre. Realment, és una estratègia competitiva de les més senzilles, si no pots competir contra el teu enemic, uneix-te a ell o copia'l. És a dir, adopten la tecnologia blockchain, capten més inversors digitals i aprofiten aquesta tecnologia per als seus interessos (controlar totes les transaccions que facis amb les CBDCs).

Vinga, que entrem en matèria. Tot i que la història de les CBDC és bastant recent, el Banc de Pagaments Internacionals diu que porta estona (més de dues dècades) pensant en les CBDC, (que diran...) però el Banc d'Espanya reconeix que tot va començar amb Bitcoin.

El primer banc que va començar a explorar la idea d'emetre les seves pròpies monedes digitals va ser el Banc Central de l'Equador en 2014, mitja dècada després de la creació de Bitcoin i un any després del seu primer halving. Des de llavors, sembla que tots els bancs han entrat en una competència per a veure qui crea la millor versió digital.

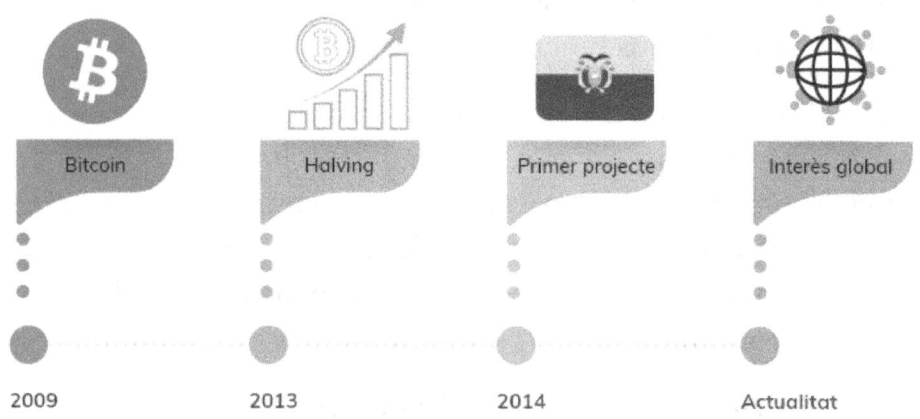

| Bitcoin | Halving | Primer projecte | Interès global |
| 2009 | 2013 | 2014 | Actualitat |

Fins al dia d'avui, on més de 105 països tenen projectes de CBDC, la qual cosa representa que el 95% de tots els bancs centrals del món estan estudiant o implementant la seva pròpia CBDC.

Què et sembla? Cada vegada veus més clar que es vagin a implementar veritat? Seguim!

Per a què serveixen realment?

Segurament t'hauràs preguntat, per a què dimonis serveixen? És a dir, per a què les utilitzarem en el nostre dia a dia i perquè em dius que són diferents dels diners actuals? Doncs per a moltes coses! Encara que la majoria d'aquests usos també ens els ofereixen les criptomonedes. Vegem…

Pagaments minoristes

Paga a l'instant, ja sigui al teu amic per aquest menjar que et va convidar o a la botiga de la cantonada. I adeu a intermediaris que encareixen el procés! És a dir, les podrem usar per a pagar en qualsevol botiga o a qualsevol dels nostres contactes, com amb els diners actuals sense dependre d'un banc intermediari.

Per exemple, un ciutadà podria descarregar-se una cartera digital en el seu telèfon i carregar els seus CBDC en aquesta. Després podria utilitzar aquesta cartera per a emmagatzemar els seus diners i realitzar pagaments P2P (entre particulars) o en qualsevol comerç minorista que accepti les CBDC de manera instantània.

Pagaments transfronterers

Actualment, enviar diners a un altre país és com fer una marató amb obstacles. Car, lent i complicat. Però i si et dic que amb les CBDC pots fer-ho com qui envia un missatge de text i de manera segura? Imagina't canviar les teves CBDC per les d'un altre país, sense intermediaris ni complicacions!

Per exemple, un usuari podria canviar els seus CBDC locals per CBDC d'un altre país sense la necessitat d'intermediaris, la qual cosa podria reduir els costos i els temps d'espera en comparació amb els mètodes de pagament tradicionals una barbaritat.

Política monetària

Tipus d'interès negatius? Les CBDC ho fan possible. Imagina incentivar la despesa quan l'economia s'alenteix o posar un fre quan hi ha molta inflació. Així de versàtil! És una eina perfecta per a moure l'economia a la seva voluntat.

Diners Directes: Crisi econòmica? Gràcies a la blockchain les ajudes per part de l'estat podrien arribar en un tancar i obrir d'ulls, però aquesta mateixa tecnologia, permet també que, en èpoques de crisi, el govern tingui la possibilitat d'obligar-te a gastar diners de la teva cartera per a incentivar l'economia a través del consum, al final, és diner programable, es pot crear amb un clic i "cremar" amb un altre. Una altre cosa és que sigui èticament correcte...

Privacitat en els pagaments diaris

Amb les CBDC, les transaccions són com enviar missatges secrets: sense intermediaris, més privats. Però ull amb el KYC, si els bancs centrals ens obliguen a registrar-nos amb KYC, que ho faran, com amb l'e-iuan a la Xina, aquest missatge portarà el teu nom i totes les teves dades, igual que actualment amb els bancs i aquesta privacitat es convertirà realment en control total per part dels bancs centrals sobre el que fas amb els teus diners.

Inclusió financera

Les CBDC podrien ser aquesta porta oberta a un món financer més accessible i econòmic en oferir una alternativa a aquelles persones que no tenen accés a instruments financers tradicionals. De fet, segons el Banc Mundial, 1,7 bilions de persones no tenen accés a aquests instruments i amb les CBDC aquests usuaris no necessitarien tenir un compte bancari per a accedir a uns certs serveis financers.

Hi ha un cert rumor, que té sentit, al voltant d'aquest tema, s'estipula que les CBDC, sobretot al principi, oferiran serveis financers a més baix cost (la qual cosa té sentit si volen incentivar als usuaris a desplaçar el seu capital a aquesta mena de monedes), però que, una vegada implementat, tindran tot el poder de pujar els costos tant com vulguin.

A més, com ja hauràs pensat, pot ser que ajudi a algunes persones, però és obvi que privarà a persones amb dificultats tecnològiques o bé per falta de diners o de coneixements, la majoria per l'edat, d'aquests serveis financers, perquè necessiten d'uns certs coneixements tecnològics que molta gent no té.

Prevenció del frau

Estic segur que és el que més has escoltat o escoltaràs, ja que amb les CBDC seguir el rastre digital dels diners és més fàcil que mai. Amb les CBDC, cada transacció deixa una petjada que pot seguir-se, fent que el frau fiscal sigui una missió impossible!

Per exemple, seria molt més fàcil de controlar les operacions entre particulars amb finalitats de frau fiscal gràcies a que totes les transaccions quedarien registrades i hisenda podria rastrejar-les molt més fàcilment.

Per això mateix, dic que és perillós, no només poden seguir les transaccions de persones que cometin delictes. Poden seguir les de tot el món que utilitzi les CBDC amb l'excusa de que alguns de nosaltres puguem fer frau d'algun tipus!

Això em recorda a la famosa Siri, molts no s'ho creuen, però és obvi que l'iPhone t'escolta TOTA L'ESTONA, perquè la Siri s'activi en dir "Escolta Siri" l'iPhone ha d'estar analitzant cada paraula que surt per la teva boca perquè quan diguis la paraula màgica aparegui, passa el mateix amb les CBDC i el control de totes les teves transaccions.

Gestió de crisi

Les CBDC podran brindar als bancs centrals més opcions per a estimular la demanda i així combatre les crisis de demanda. Aquest és un dels usos més dubtosos, ja que perquè les CBDC puguin ajudar a gestionar crisis han d'estar totalment implementades en tota la població perquè el seu efecte tingui conseqüències en l'economia global.

Perquè ho entenguem millor, un banc central podria cobrar tipus d'interès negatius sobre els dipòsits o fins i tot ingressar diners directament en els comptes de les persones (ho veig menys factible) o eliminar els diners que has guanyat treballant si no es gasta dins d'un període de temps en uns certs béns o serveis d'alt impacte econòmic, per a fomentar el consum per exemple.

Si, sí. Ens podrien obligar a gastar els nostres diners abans que desapareguin de la nostra cartera, no sols el que ens donen, també el que generem amb el nostre propi esforç!

Liquidació de Bons Corporatius

La liquidació de bons corporatius o fins i tot d'una altra mena d'actius financers és, actualment, un procés molt, però que molt lent i costós i per tant poc eficient, gairebé tant com les cartes postals. Per això, les CBDC podrien ser el correu electrònic del món financer, si s'utilitzessin com a actiu de liquidació, es reduiria el risc de contrapart i tot seria molt més àgil.

Tramitació y liquidació d'impostos

Amb la traçabilitat de la blockchain, les CBDC podrien ser el millor company del contribuent. Et permetria pagar els teus impostos trimestrals de manera automàtica, sense complicacions, i sense intermediaris!

A més, gràcies a la transparència de la blockchain, imagina poder rastrejar els teus impostos i veure a on va cada cèntim. Encara que soni a utopia, la tecnologia ho permet, la blockchain ho permet! Només falta la voluntat política i tu i jo sabem que això és una cosa que no passarà mai.

Comerç online

Aquest tipus de pagament cada vegada té més pes en la majoria de les empreses, a més, cada vegada més empreses estan començant a acceptar pagaments en criptomonedes o formes de pagament alternatives. Però amb les CBDC, podries comprar en diferents blockchains sense el temor de la volatilitat. A més, amb controls que garanteixen seguretat i transparència en cada transacció.

Negociació de valors

Actualment, les institucions financeres intercanvien diàriament entre ells, actius líquids en un mercat ineficient i costós a causa de la falta de tecnologia disponible i al procés de liquidació financera per separat en la majoria dels casos. Ara, imagina un món on les grans institucions poden intercanviar actius com si fossin peces d'un joc de taula, ràpidament i sense problemes. Les CBDC mitjançant la comptabilitat distribuïda ho fan possible! Això és súper útil, sobretot en mercats majoristes de capital de deute i en els mercats monetaris.

Pagaments offline

No tens internet en el mòbil? Se t'ha acabat la bateria? No hi ha problema! Les CBDC no són només per a pagaments en línia. Tot i que no tinguis bateria o estiguis en zones sense connexió, hi ha solucions com targetes intel·ligents per a fer pagaments offline fins i tot sense tenir cobertura, internet o amb el dispositiu tancat.

Aportacions a plans de pensió i d'estalvi

Com sabràs, els plans de pensió o les pòlisses d'estalvi actuals són uns tràmits enutjosos per a obrir-los, però sobretot per a cobrar-los. Les CBDC poden solucionar-ho usant-les per a realitzar aportacions de liquidació ràpides, abordant les regulacions impositives de manera automàtica i garantint la transferència simultània de les contribucions. Tindries els teus diners al moment de jubilar-te!

Factures tokenitzades

Benvolgut lector, aquest ús és un dels quals té més potencial al meu parer i això és gràcies als smart contracts (contractes intel·ligents). Els retards en el pagament de les factures poden causar falta de liquiditat a les empreses de tot el món, per no parlar dels impagaments, per això mateix les CBDC (igual que les criptomonedes) mitjançant els smart contracts poden tokenitzar les factures per a crear actius que es poden autenticar, transferir, dividir o fusionar.

Perquè sigui més comprensible, el pagament, utilitzant una CBDC, es transfereix directament al token de la factura, la qual cosa elimina el risc de contrapart (risc que el client cometi un impagament o es retardi en el pagament), una vegada els diners estan dipositats en el smart contract, la factura es converteix en un actiu negociable que poden pagar immediatament o que l'empresa pot revendre, dividir o fusionar. En aquest sentit, les empreses poden vendre factures, autenticades pel pagador amb un descompte per ràpid pagament en CBDC per a assegurar-se el cobrament.

A més, això es pot aplicar a qualsevol tipus de negociació de compravenda, per posar un exemple molt freqüent, podríem utilitzar les CBDC per a comprar un pis mitjançant un smart contract que s'asseguraria que es compleixen totes i cadascuna de les clàusules estipulades en el contracte de compravenda.

Exemple:

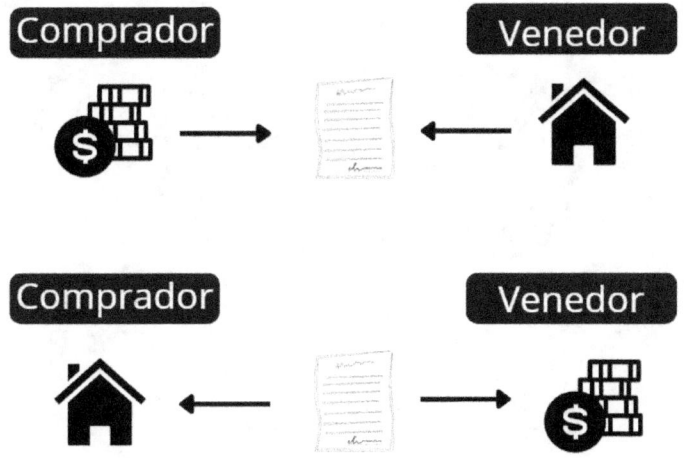

Joan acorda amb en Pep pagar 100.000 unitats monetàries de la CBDC a canvi de la propietat amb referència cadastral x.

En Pep tokeniza les escriptures de la propietat i les diposita en el smart contract, aquest fet obliga a en Pep a transferir la titularitat de la propietat a Joan sempre que aquest compleixi les clàusules del contracte.

Posteriorment en Joan diposita les 100.000 unitats monetàries de la CBDC en el smart contract i, automàticament, en Joan rep la propietat i en Pep rep el preu sense necessitat d'intermediaris i, per tant, d'una forma molt més àgil i molt menys costosa.

Aquests són només alguns casos d'ús que se m'acudeixen i que crec que són els més importants, segur que em deixo algun!

APROFUNDIM MÉS ...

CAPÍTOL 3

CAP A ON ANEM?

3. APROFUNDIM MÉS ...

I les empreses què?

Com tota innovació, les CBDC també aportaran oportunitats que només els més ràpids podran aprofitar per a treure'n profit en el sector privat.

En aquest sentit, entre les moltes oportunitats que pot generar la implementació de les CBDC al sector privat, les més importants o, si més no, les més lògiques en la meva opinió, són les següents:

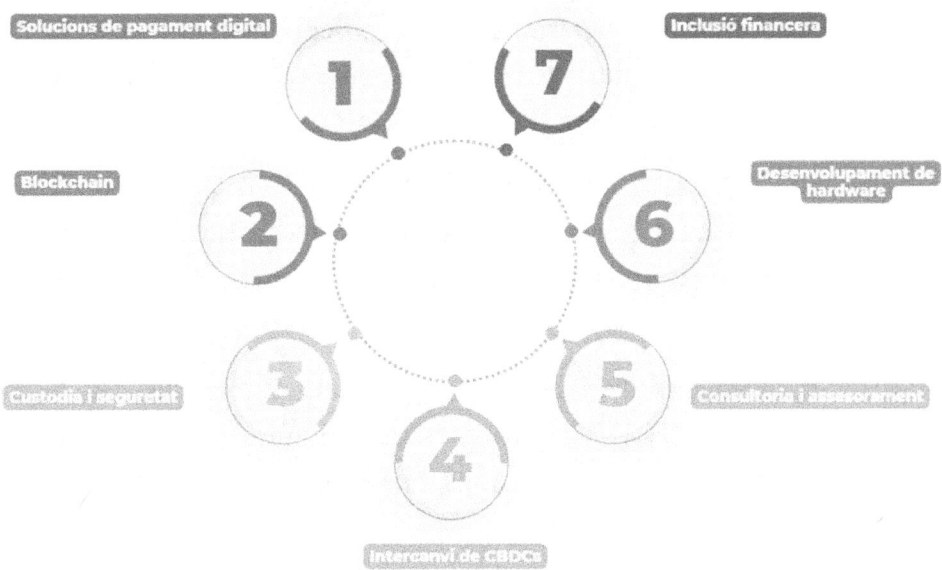

Solucions de pagament digital: A mesura que les CBDC es consolidin, creixerà l'interès per solucions de pagament digitals. Empreses ja consolidades en el mercat digital, com Paypal o Stripe, tenen una gran oportunitat per davant.

Però, a més, gegants com VISA i American Express podrien ser també protagonistes en aquesta carrera digital.

Blockchain: L'emissió d'una CBDC implicarà inequívocament que empreses especialitzades en el desenvolupament de la tecnologia blockchain i que ofereixin solucions relacionades amb aquesta, com l'emmagatzematge i processament de dades, l'automatització de processos o la tokenización d'actius tinguin oportunitats de mercat increïbles.

De fet, això pot representar una mina d'or per a empreses i startups especialitzades en aquesta tecnologia. Ja sigui a nivell de desenvolupament propi o cooperant amb entitats públiques, el món blockchain té molt a aportar.

Serveis de custòdia i seguretat: Les CBDC seran un actiu molt valuós, per la qual cosa garantir la seva seguretat serà essencial. Empreses especialitzades en cyber seguretat, custòdia d'actius digitals i wallets tindran, també, el seu moment de glòria.

Plataformes d'intercanvi de CBDC: Igual que el Forex en monedes tradicionals, sorgiran plataformes dedicades a l'intercanvi de CBDC de diferents països. Una nova forma de Forex, però centrat en l'univers digital.

Consultoria i assessorament: La implementació de les CBDC és un camí ple de reptes. Les empreses de consultoria que ofereixin expertesa en regulacions, polítiques i estratègies relacionades amb CBDC tindran molta demanda.

Desenvolupament de maquinaria: No tot serà intangible. Les CBDC requeriran dispositius físics que permetin el seu ús en la vida diària, especialment per a transaccions offline. Aquí hi ha una oportunitat d'or per a empreses de desenvolupament de hardware.

Inclusió financera: Com he comentat anteriorment, les CBDC tenen el potencial de ser un vehicle d'inclusió financera per a aquells que actualment estan marginats del sistema financer tradicional.

Això representa una oportunitat per a empreses que aportin solucions com a microcrèdits, neobancs i altres serveis per a poblacions desfavorides.

En conclusió, les CBDC no són només una innovació governamental. Representen un vast oceà d'oportunitats per al sector privat. Aquelles empreses que es pugin a aquesta ona des dels seus inicis podrien ser les líders d'una nova era financera.

Llavors les CBDC són bones o dolentes?

A veure, benvolgut lector! Jo no seré el fanfarró que et respongui, el meu objectiu és que arribis tu solet/a a la teva pròpia opinió i que (si pot ser) em facis arribar la teva opinió. Per això, veurem les parts bones i les dolentes de les CBDC perquè tu mateix puguis generar la teva pròpia opinió sobre aquest tema, ja que la meva intenció no és, ni molt menys, convèncer-te de res. Anem allà!

AVANTATGES	VS	DESAVANTATGES
• Reducció de costos		• Pèrdua de privacitat
• Millora del sistema de pagaments		• Pèrdua de capacitat de decisió
• Diner més sostenible		• Menor accesibilitat
• Evitar crisis bancàries		• Centralizació
• Menor dependència dels bancs		• Limitacions geogràfiques
• Major seguretat		• Ciberatacs
• Facilitat d'ús		• Reptes regulatoris

Avantatges

Posa't còmode i estigues atent! Veurem quins són els avantatges reals de les CBDC.

Reducció de costos: Amb les CBDC t'estalviaràs maldecaps i diners, ja que, gràcies a la desintermediació, les CBDC permeten reduir costos, que no vol dir que acabis pagant menys que ara.

Millorar el sistema de pagaments: Imagina poder fer els teus pagaments a les 3 del matí, mentre et menges un gelat en pijama. Les CBDC ho fan possible! Transaccions disponibles 24/7, igual que les criptomonedes.

Diners més sostenibles: Adeu al malbaratament de paper i metall, per no parlar de l'estalvi en petjada de carboni al no transportar aquests diners per cap carretera.

Ajuden a evitar crisis bancàries: Si s'usen correctament, poden minorar en gran manera les crisis bancàries. Però s'han d'usar correctament i sense vulnerar els nostres drets...

Menor dependència dels bancs comercials: Encara que no et deslliuraràs completament dels bancs, la balança s'inclina ara més cap als bancs centrals, ja que, en disminuir els intermediaris, eliminem gestions bancàries que actualment fa la banca comercial. És a dir, traspassem la dependència de la banca comercial als bancs centrals.

Major seguretat: La màgia de la criptografia fa de les CBDC una fortalesa. Però vigila! En ser centralitzades, poden ser una mica més delicades que les criptomonedes, ja que depenen de la seguretat d'una sola entitat central.

Facilitat d'ús: Si lluitar amb aplicacions complicades no és lo teu, les plataformes CBDC venen al rescat. Tot és més amigable, fins i tot et permeten utilitzar diversos comptes en una mateixa aplicació.

Desavantatges

Ara que coneixes tots els avantatges i creus que són i seran molt bones, millor t'explico diversos desavantatges perquè coneguis "l'altra cara de la moneda", mai més ben dit.

Pèrdua de privacitat: Tal com ja t'he comentat, la teva privacitat podria esfumar-se. És com si que cada vegada que gastes, hi ha algú prenent notes. En tot moment sabran com, quan, on i de quina manera gastes els teus diners. Una mica empipador!

Pèrdua de capacitat de decisió del ciutadà: Malgrat que per al govern i els bancs centrals és una eina molt útil per a controlar i eliminar les crisis, aquestes mesures que hem vist que poden prendre per a evitar les crisis afecten directament la capacitat de decisió que tenim els ciutadans sobre els diners que hem guanyat. Ens poden limitar el que ens gastem, el que ingressem o, fins i tot, obligar-nos a gastar. Sí, pot ser tenim menys crisis, però... a quin preu?

Menor accessibilitat per la corba d'aprenentatge: Per a molts, utilitzar les CBDC és com aprendre un nou idioma, i no tots tenen la paciència o les habilitats per a això. Mentre que, amb els diners de tota la vida, doncs... qui necessita instruccions?

Centralització: Malgrat ser un avantatge per a molta gent, a la meva manera de veure-ho és un desavantatge, ja que un sistema centralitzat sempre serà més vulnerable que un descentralitzat, alhora que permet que uns pocs marquin les normes del sistema. Amb tot en mans d'uns pocs, seran aquestes mans justes i equitatives? Jo crec que no i la història em dona la raó.

Limitacions geogràfiques: L'emissió d'una CBDC pot tenir limitacions geogràfiques, és a dir, pot ser acceptada només pel país que l'emeti i malgrat que el projecte mBridge té pinta que el pot solucionar, actualment és un desavantatge bastant rellevant.

Risc de ciber atacs: Mentre que ningú pot "hackejar" un bitllet físic, les CBDC són susceptibles als malvats digitals. I si depèn tot d'un banc central… no vull ni explicar les conseqüències que tindria un únic ciber atac amb èxit.

Desafiaments reguladors: Això, benvolgut lector, ho veurem més endavant, però hi haurà un període de temps molt gran fins que la regulació estigui totalment adaptada i perfectament dissenyada i poden sorgir molts desafiaments reguladors nous amb solucions complexes.

I així acaba el nostre passeig pel costat fosc de les CBDC! Què n'opines? Ets del team d'aquestes monedes digitals o et quedes amb els teus vells bitllets?

Cap a on anem?

És clar que les CBDC són una tendència a l'alça clarament. És com si de sobte, tots els països volguessin sumar-se al club dels "diners digitals cool". Perquè et facis una idea, segons el Centre Geoeconòmic del Consell Atlàntic, més de 110 països s'han sumat a aquesta tendència digital! El millor? Junts abasten més del 95% del PIB mundial, és a dir, són els països més rics del món!

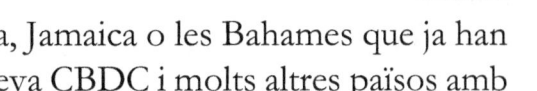

Amb CBDC implementada o en fase d'estudi   Sense CBDC

De fet, hi ha països com Nigèria, Jamaica o les Bahames que ja han implementat completament la seva CBDC i molts altres països amb proves pilot ja llançades.

A més, entre els països del G20 (les 19 economies més grans del món i la Unió Europea), 19 ja estan investigant la seva pròpia CBDC, i 16 estan pràcticament en la línia de sortida amb les seves proves pilot! Aquí trobem a pesos pesants com **Corea del Sud**, l'**Índia**, el **Japó** i **Rússia**. I en el club dels **G7**?

Bé, els **EUA** i el **Regne Unit** van una mica ressagats. Encara que, els britànics recentment han fet passos importants amb la seva lliura digital o "Britcoin". Ja ens endinsarem en els seus secrets més endavant...

Per si no fos prou, el Banc de Pagaments Internacionals va deixar anar una bomba en un dels seus informes del 2022... resulta que 9 de cada 10 bancs centrals estan in fraganti, cuinant la seva pròpia CBDC, impulsats per l'aparició de les criptomonedes i les stablecoins. És a dir, tot i que no ho vegis a les noticies, ja arriben!

I qui està liderant la carrera? La **Xina** i el seu e-iuan! L'estan utilitzant en més de 20 regions de la Xina Continental i les xifres són de bogeria, les transaccions superen els 100.000 milions de iuans segons la premsa local! Encara que, d'altra banda, països com **Suècia**, **Noruega**, **Singapur** i el **Canadà** tenen els seus projectes en fases molt avançades.

En sentit contrari, el "dòlar digital" dels EUA va a pas de tortuga, malgrat ser la major potència econòmica, s'ha quedat enrere en la carrera de les CBDC, l'únic motiu pel qual han volgut endinsar-se en el tema és perquè, cada vegada més, s'enfronta a una major desdolarizació, en gran mesura, gràcies o per culpa de Bitcoin i del iuan.

Per a finalitzar, fem una parada en el futur: segons els visionaris de Juniper Research, en 2030 el mercat de CBDC podria estar valorat en 213.000 milions de dòlars!

Encara que la majoria serà per a transaccions dins de casa, perquè, pel que sembla, els pagaments transfronterers seran solament el 8% respecte el total.

I ara, benvolgut lector, ve una de les meves parts preferides, perquè segur que t'has preguntat, quines CBDC hi ha actualment?

Anem a l'embolic!

Quines CBDC hi ha actualment?

Com hem vist hi ha molts projectes de CBDC al món, per això en aquest punt, analitzarem els projectes més interessants i alhora els més avançats del sector.

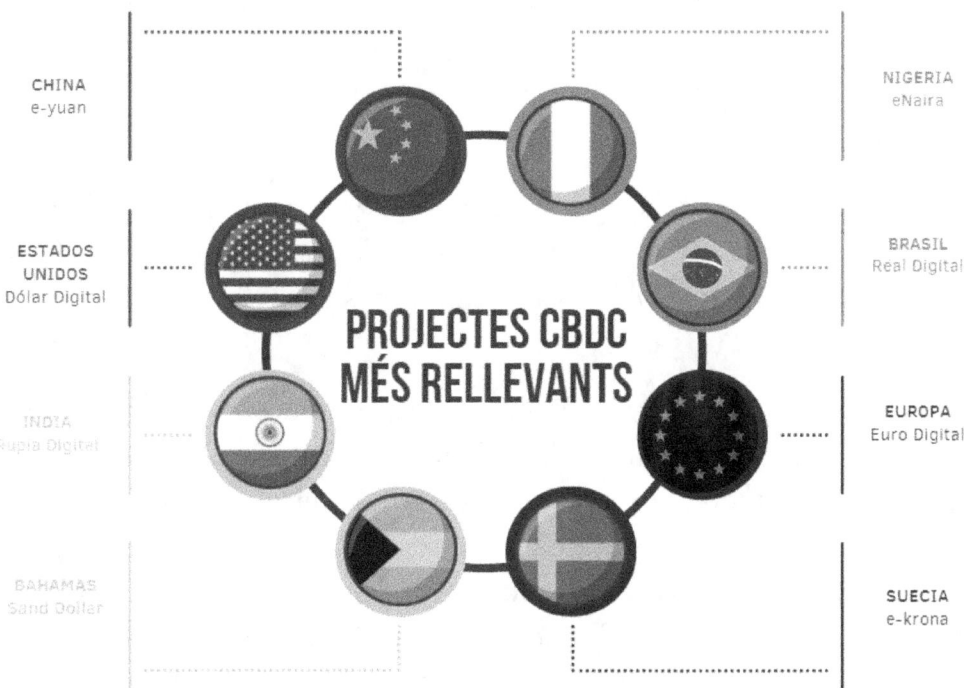

CHINA
e-yuan

NIGERIA
eNaira

ESTADOS UNIDOS
Dólar Digital

BRASIL
Real Digital

INDIA
Rupia Digital

EUROPA
Euro Digital

BAHAMAS
Sand Dollar

SUECIA
e-krona

PROJECTES CBDC MÉS RELLEVANTS

Nigèria (eNaira)

Adopció:

En 2021, mentre tu i jo potser estàvem aprenent a enfornar pa a casa (gràcies a la quarantena), Nigèria estava llançant la eNaira. Però què passa quan un país en el que la seva població utilitza tant l'efectiu s'enfronta a una escassetat de bitllets promoguda pel govern local? Exacte! Es llancen al meravellós món de les monedes digitals.

La eNaira va aparèixer just quan el banc central havia decidit canviar els antics bitllets per uns altres de major denominació, en plena inflació. Bingo! Això va portar a més gent a provar la eNaira, encara que no a tots els agradés.

En un país com Nigèria on l'efectiu representa al voltant del 90% de les transaccions nacionals, el valor de les transaccions amb la eNaira ha augmentat un 63% fins a 22.000 milions de nairas, segons un informe de Bloomberg. A més, segons el nostre amic Godwin Emefiele, governador del Banc Central de Nigèria, sembla que la eNaira està en auge amb més de 13 milions de carteres digitals, encara que, això ha fet disminuir l'efectiu en circulació de 3,2 bilions de nairas a 1 bilió.

Però, no tot és color de rosa, gran part de la població sembla no estar d'acord amb aquest nou sistema de pagaments i, ara com ara, malgrat els esforços de les polítiques de Emefiele, sembla que els nigerians no veuen la eNaira com la millor solució, ja que s'estima que al voltant de l'1% dels nigerians han utilitzat les CBDC, mentre que més del 50% han usat criptomonedes.

Aquesta última dada és reveladora, ja que, il·lustra clarament que, ara com ara, els ciutadans nigerians prefereixen les criptomonedes per davant de les CBDC.

Desenvolupament:

Ara, passant als detalls tècnics pels friquis del grup: la eNaira és una espècie de cosina llunyana de l'efectiu (del tipus cash-like). Es va crear perquè tu i jo, o, més ben dit, els ciutadans nigerians, puguin fer les seves compres en línia o de manera física i enviar diners a qui sigui que estigui a l'altre costat de la frontera, per la qual cosa també té funcionalitats x-border.

Aquí acaba la primera parada. Anem a veure el drac digital!

Propera parada: la Xina.

Xina (e-yuan)

A l'e-yuan o e-CNY el podríem catalogar perfectament com el drac digital. De fet, no és una invenció recent. No senyor! El Banc Popular de la Xina (BPC) ja maquinava tot això des de 2014.

Introducció:

A l'octubre del 2022, una cinquena part de la gegantesca població de la Xina, és a dir, 23 regions de la part continental de la Xina, ja havia adoptat l'e-CNY. Les transaccions van explotar fins als 100.000 milions de iuans.

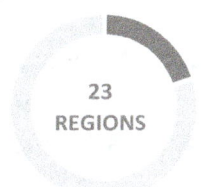

I no sols això, a Hong Kong, l'e-iuan s'està usant per a pagaments minoristes a un ritme inaudit per al comerç mundial.

Però, la Xina no es va aturar aquí. Imagina una súper autopista digital on les CBDC de tot el món poden creuar-se sense problemes: aquest és el somni del projecte mBridge. Segons Lewis Sun Lei d'HSBC, és més que un somni, és una realitat que promet transaccions entre diferents CBDC més ràpides, barates i transparents per a pagaments transfronterers en temps real.

D'altra banda, tots sabem que l'atracció gravitacional del dòlar és palpable, a causa de la seva influència en l'economia global i en les relacions comercials. Però la Xina, amb la seva e-CNY, té una missió clara: reduir la seva dependència del dòlar i enfortir el iuan digital.

Finalment, segons la consultora global Oliver Wyman, l'ús de l'e-CNY en el comerç entre Singapur i la Xina podria generar estalvis estimats entre 11,4 mil milions i 17,4 mil milions de dòlars. Això representa entre el 3 i el 5 per cent del PIB de Singapur!

Característiques:

La taxa d'adopció de la població xinesa ha augmentat constantment i cada vegada més usuaris veuen beneficis en la vida real. Però, per què aquest drac digital ha tingut tant d'èxit? Doncs per diversos motius:

Cultura xinesa: la societat xinesa sempre va un pas per davant quant a la tecnologia. L'adopció de tecnologies digitals està implementada des de fa molts anys en la majoria de la població.

A més, la cultura xinesa valora l'estabilitat i la seguretat i el govern xinès ha destacat aquests valors per a promoure l'e-CNY. A aquests aspectes se'ls ha de sumar que, la societat xinesa, per si mateixa, té molta confiança en el seu govern i en les directrius que aquests marquen.

Casos d'ús: El Banc Popular Xinès els ha donat raons per a estimar l'e-CNY:

Unifiquen tots els comptes bancaris en una mateixa aplicació.

Poden pagar mitjançant codi QR, mètode de pagament que ja utilitzaven milions de ciutadans xinesos.

Permeten pagaments sense connexió i amb un 0% de bateria del telèfon.

Privacitat: Aquí ve l'interessant. Xina ha adoptat un enfocament que es coneix com a "anonimat controlat". Les transaccions són privades, per a GAIREBÉ tothom, ja que el BPC pot veure el que succeeix darrere de les cortines digitals. Aquest pot rastrejar els moviments del DC/EP i, d'aquesta manera, coneix la relació corresponent entre les adreces i la identitat de l'usuari a través d'un procés KYC. En resum, que la seva informació és anònima per a tothom menys per al BPC, per a aquest últim la informació és totalment oberta i pot saber-ho absolutament tot de les finances personals dels ciutadans xinesos.

Adopció:

L'e-CNY és com un superheroi digital per al BPC. Els brinda una vista panoràmica i control que l'efectiu simplement no pot oferir. A més, està llest per a ser el protagonista en pagaments minoristes i transfronterers, reforçant la visió de la Xina dins d'una "economia desdolaritzada".

Per això mateix parlem d'una CBDC detallista de tipus cash-like que desenvolupa també funcionalitats de les x-border per a desdolarizar l'economia Xina mitjançant el comerç internacional.

I per tancar amb brillantor: el Banc Popular de la Xina ha alçat la seva espasa i ha proclamat que l'e-CNY serà l'única moneda digital en el seu regne, per la qual cosa l'e-iuan no serà només la seva CBDC, sinó que serà també l'única moneda digital del país. Els monopolis no eren il·legals?

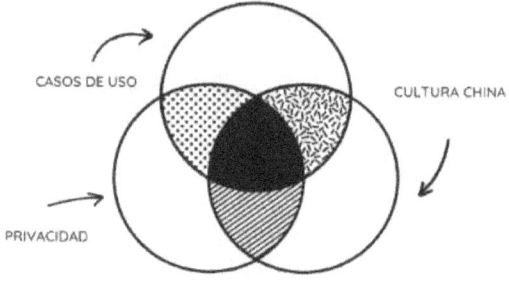

ELEMENTOS CLAVE PARA LA
ADOPCIÓN DE LAS CBDC

Amb això hem acabat la nostra visita al drac digital!

Següent parada: Unió Europea

Unió Europea (euro digital)

Encara no s'ha implementat, però has sentit parlar de l'Euro digital? Perquè, encara que no ho sembli, està molt a prop! Segons Pablo Gil (un expert en el tema amb el qual he tingut el plaer de debatre sobre el tema) estava previst que a l'octubre de 2023 finalitzés la fase actual de la prova pilot i ho han complert, ja estan en la fase de preparació, on es desenvoluparà el reglament, la plataforma i la infraestructura i si tot surt segons el planejat, per a 2026 ja podríem tenir a les nostres "mans" (o, més ben dit, en els nostres dispositius) aquest nou tipus d'euro, com a molt tard!

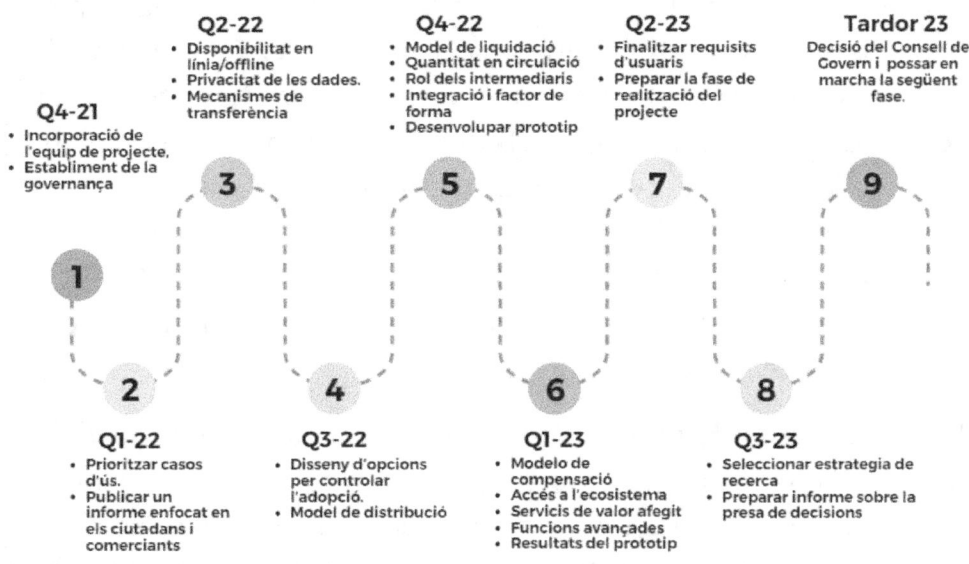

Q4-21
- Incorporació de l'equip de projecte.
- Establiment de la governança

Q2-22
- Disponibilitat en línia/offline
- Privacitat de les dades.
- Mecanismes de transferència

Q4-22
- Model de liquidació
- Quantitat en circulació
- Rol dels intermediaris
- Integració i factor de forma
- Desenvolupar prototip

Q2-23
- Finalitzar requisits d'usuaris
- Preparar la fase de realització del projecte

Tardor 23
Decisió del Consell de Govern i possar en marxa la següent fase.

Q1-22
- Prioritzar casos d'ús.
- Publicar un informe enfocat en els ciutadans i comerciants

Q3-22
- Disseny d'opcions per controlar l'adopció.
- Model de distribució

Q1-23
- Modelo de compensació
- Accés a l'ecosistema
- Servicis de valor afegit
- Funcions avançades
- Resultats del prototip

Q3-23
- Seleccionar estrategia de recerca
- Preparar informe sobre la presa de decisions

Objectius:

T'hauràs preguntat, per a què dimonis necessitem un euro digital? Bé, si consultes la web del Banc Central Europeu (d'ara endavant BCE per a fer-ho més curt), l'euro digital serà una moneda digital segura i fàcil d'utilitzar per a qualsevol ciutadà de la zona euro. Però realment no tenim ja un euro segur i fàcil d'utilitzar? El BCE exposa diversos objectius:

Adeu, bitllets! Encara que no desapareixeran del tot, és un fet que el món està anant cap lo digital i aquest és el seu argument, que cada vegada hi ha menys demanda d'efectiu, però m'imagino que sabràs que l'efectiu és molt més difícil de controlar i d'investigar, per la qual cosa aquesta CBDC seria una altra eina més (com la limitació a l'import de pagaments en efectiu), potser la més eficaç, per a acabar suprimint per complet els diners en efectiu. Molts membres del BCE com Fabio Panetta, membre del Comitè Executiu argumenten que la idea és complementar l'efectiu, no eliminar-lo, però, l'objectiu també és que cada vegada s'usin més les CBDC en lloc de l'efectiu, la qual cosa desemboca inequívocament en la desaparició de l'efectiu.

Mantenir-se en la competència: No volen que altres monedes els deixin enrere, això és així. La pròpia Lagarde (Presidenta del BCE) ho ha dit més d'una vegada, mancant l'euro digital, l'aparició d'altres CBDC (o criptomonedes) en grans economies podrien perjudicar el paper internacional de l'euro i treure-li poder com a moneda per a transaccions internacionals.

Per a tots! Segons argumenten, busquen que més persones, fins i tot les que estan fora del sistema bancari, puguin beneficiar-se dels serveis financers. Tot i que en realitat, moltes persones grans, no podran accedir als seus serveis per falta de formació digital.

Val, però com serà aquest euro digital?

Serà un complement de l'efectiu, no un reemplaçament o, almenys, en principi, aquesta és una frase que es repeteix en la majoria dels projectes, en uns altres, directament diuen la veritat, que l'objectiu és reemplaçar els diners en efectiu, al final, l'objectiu entre aquests projectes no canvia, el que canvia és la manera de comunicar-lo o amagar-lo.

Tindràs privacitat, però amb un ull posat a prevenir activitats il·legals. Llavors que ens expliquin com pot ser que es tingui molta privacitat però que alhora ells puguin veure i investigar totes les nostres transaccions per si cometem algun delicte...

Permetrà estipular límits de despesa al ciutadà per a protegir-nos de crisi financeres o altres restriccions, és a dir, no podràs gastar-te els teus diners com et doni la gana i fins hi tot, et poden obligar a gastar el que ells vulguin.

Utilitzable en tota Europa i, tant de bo!, en altres parts del món. Es parla d'incorporar contractes intel·ligents entre d'altres coses! Veurem com acaba...

És un Euro amb identitat pròpia. Així que sí, serà de curs legal com el que ja coneixem. Desitgen fer-ho interoperable amb altres CBDCs per a enfortir les relacions internacionals.

Té riscos?

Òbviament l'euro digital entranya molts riscos, vols saber els més rellevants? Som-hi!

En primer lloc, seria un ús indegut de la informació personal i la falta de privacitat en els pagaments financers. De fet, s'ha fet viral un vídeo de Lagarde, Presidenta del Banc Central Europeu, en el qual entre altres coses, admet que hi haurà control sobre la població de manera "limitada", que és possible que s'adaptin mesures en les quals no hi hagi control per a operacions inferiors a 300€ o 400€ però que podria ser perillós per a la lluita contra el terrorisme i el blanqueig de capitals i que no desitja dependre d'una moneda de països no amigables o fins i tot d'una moneda emesa per una empresa privada com a Meta o Google. És a dir, t'ho venen una mica com "Volem que estiguis segur! Però també és vital prevenir actes il·lícits." Però la realitat sembla ser diferent, és a dir, prevenir actes il·lícits és òbviament un objectiu, però no l'únic...

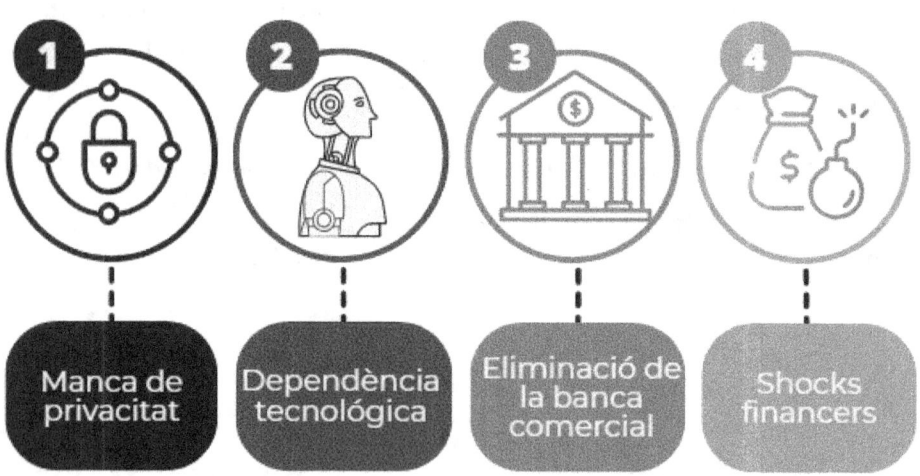

En segon lloc, la dependència de monedes digitals no europees podria crear riscos sistèmics i fins i tot posar en perill la sobirania monetària i digital.

Confiaries en una moneda creada per empreses fora d'Europa? Pot ser perillós per a Europa!

En tercer lloc, aquest Euro Digital podria canviar el joc pels bancs tradicionals, ja que podria crear un risc de desintermediació de la banca comercial i encara que Panetta aclareix que no és la intenció del BCE, és una cosa molt probable, ja que, com hem vist anteriorment, un dels objectius principals de les CBDC és eliminar la intermediació bancària per a reduir costos i agilitzar les transaccions. Què passarà amb la banca comercial?

En quart i últim lloc, com saps, els inversors sempre busquen oportunitats, i cal anar amb compte amb els moviments bruscos de capital, ja que l'euro digital seria un actiu molt líquid i podria portar al fet que els inversors estrangers l'utilitzessin desproporcionadament en moments de xocs financers internacionals.

En resum… Encara hi ha moltes decisions per prendre i camins per explorar. Però, el que és clar és que a llarg termini aquesta complementarietat amb l'efectiu desquadra, com ja ha anticipat Lagarde costa creure que realment sigui així.

Ara anem-nos a un dels països amb major potencial del panorama mundial, l'Índia!

Índia (rupia digital)

Adopció:

En el bressol de la civilització, on els elefants es passegen i els temples toquen el cel, s'està escrivint la següent pàgina en la història dels diners! Parlo de la Rupia Digital.

La rupia digital és una CBDC emesa i regulada pel Banc de la Reserva Índia, d'ara endavant RBI. Aquesta prova pilot està molt avançada i ja s'utilitza com a forma de pagament en en més de 5.000 botigues al llarg del país.

En un país on la gent s'està bolcant cap a les criptomonedes, el RBI vol oferir una opció segura i regulada. A més, l'Índia ja té una certa experiència amb això, gràcies a la Interfície de Pagaments Unificats, on la gent paga amb codis QR des dels seus comptes bancaris, a més de que ja existia un moviment generalitzat sense efectiu.

Com a dada curiosa, encara que l'Índia ha estat poc inclinada a les criptomonedes, al maig del 2023 es va aliar amb els Unió dels Emirats Àrabs per a estudiar com les seves monedes digitals poden treballar juntes i així reduir costos en les transaccions transfrontereres i enfortir els vincles econòmics entre tots dos països.

Finalment, el RBI està explorant com la rupia digital podria funcionar sense connexió per a facilitar encara més els pagaments i està brindant una gran oportunitat al sector privat i les Fintech per a contribuir en aquests avanços.

Desenvolupament:

Si mirem més endins, s'han llançat dues proves pilot diferents, la CBDC majorista (CBDC-W) i la minorista (CBDC-R). Mentre la majorista s'enfoca en grans transaccions entre bancs, la detallista està pensada per a persones com tu i jo. I segons les xifres de 2023, la majorista va guanyant la carrera!

De fet, segons va comentar Nirmala Sitharaman (ministra de finances) en el Parlament, a finals de febrer del 2023, les rupies digitals minoristes i majoristes en circulació eren de 4 i de 126 milions de rupies respectivament.

Què et sembla? Anem-nos ara a la principal potència mundial, encara que sembli estar adormida…

Següent parada: els Estats Units

Estats Units (dólar digital)

Sabies que els EE.UU. no van a l'avantguarda de les CBDC? Sí, és cert. Encara que hi ha proves pilot en marxa, no estan tan avançades com podries pensar. Sembla extrany veritat? Hi ha bones raons.

Una de les principals raons és que els Estats Units té un sistema financer súper complex. És com un trencaclosques amb milers de peces! A més, ja compten amb un sistema de pagament digital súper avançat. Imagina que ja utilitzes Uber, per a què voldries un taxi? I no oblidis que el dòlar és la superestrella del comerç global. És el líder de les lligues majors! Per a què canviar quan ja els hi funciona?

De fet, compta amb més de tres quartes parts de les transaccions internacionals denominades en dòlars, però també en la constitució de reserves de divises dels bancs centrals és rellevant, ja que representa més del 60% de les reserves i més de dos terços del deute emès. Encara que, haig de dir que aquesta actitud és perillosa, per exemple, us recordeu de la gran Nokia?

Era la marca tecnològica més venuda del món en 2006, actualment no està ni en el TOP10. El motiu? No adaptar-se a les necessitats del mercat i la falta d'innovació. Salvant les distàncies, és una cosa que li pot passar al gran monstre americà.

D'altra banda, més del 85% de les stablecoins operen als EUA!

Encara que no totes tenen el seu bressol allí, sí que operen sota el cel estrellat d'Amèrica. I això dona als EUA jurisdicció per a perseguir-les i castigar-les.

Segons el Digital Dollar Project, DDP d'ara endavant, (una organització sense ànim de lucre dedicada a catalitzar la recerca i l'experimentació del dòlar digital) la CBDC serà complementària a la moneda FIAT existent i les seves propietats seran molt semblants a les de l'efectiu. Però aquí ve lo més difícil: ha de ser transparent i, al mateix temps, cuidar la teva privacitat. Com? Bé, com la pel·lícula, missió impossible.

Encara que els EUA no corre amb urgència, hi ha un drac que sí que el fa: la Xina. Amb avanços com l'e-CNY, els EUA està sentint pressió i sembla que aquesta sobtada voluntat de crear la seva pròpia CBDC és una estratègia de defensa. Pel que si els no es posen les piles i el seu sistema financer es veu antiquat enfront d'opcions més ràpides, podria perdre terreny.

La "desdolarització" ja no sona tan boja i menys després dels resultats del mBridge, ja que aquest podria constituir un punt d'inflexió crític que requereixi d'una resposta dinàmica per part dels Estats Units.

Però, què diu la Reserva Federal a tot això? Jerome Powell, el cap de la reserva, diu que encara no tenen una data per a llançar una CBDC i, de fet, ni tan sols saben si realment la necessiten. Encara que si es donés llum verda, la podrien llançar súper ràpidament.

A més, aquest juliol va venir amb sorpresa! La Reserva Federal va llançar "FedNow", un sistema de pagaments en temps real. Un preludi del dòlar digital? Qui sap, però alguns experts creuen que això podria ser l'avantsala per a la CBDC.

En resum… mentre el món avança a la velocitat de la llum, els EUA podrien estar prenent un enfocament més pausat i reflexiu.

És això una estratègia intel·ligent o un risc que els podria sortir malament? Com diria el meu pare, el temps ho posa tot en el seu lloc…

Següent parada: Rússia, un país, com a mínim, controvertit en els darrers temps.

Rússia (Ruble Digital)

Rússia no vol quedar-se enrere en la carrera de les CBDC i, sota el comandament de Vladimir Putin, han donat llum verda al Ruble Digital. Amb les proves ja en marxa des d'agost de 2023, Rússia es prepara per a una revolució monetària.

Amb l'aprovació del projecte llei, el Banc Central de Rússia (BCR) es converteix totalment en el rei del castell. No sols són els únics encarregats d'emetre i gestionar el Ruble Digital, sinó que també tenen el poder exclusiu per a proporcionar carteres digitals, prohibir comptes conjunts, negar la generació i acumulació d'interessos, decidir qui juga i qui no en el món del Ruble Digital, posar preu a les transaccions i decidir quan els bancs poden oferir serveis i quan no.

L'assaig del Ruble Digital començarà amb la participació de 13 bancs i els seus clients, provant les aigües d'aquest nou sistema. A més, 30 empreses d'11 ciutats russes diferents ja estan provant els pagaments. Ja està molt a prop!

Encara que des del Kremlin venen el Ruble Digital com un avantatge per a la població, sembla que el veritable avantatge és per a ells. Amb accés complert a les dades dels usuaris i amb capacitat d'utilitzar-los com desitgin, és evident qui mana.

Amb una base jurídica sòlida i l'economia potent de Rússia darrere, el Ruble Digital promet ser un dels pesos pesants en el món de les CBDC. Ballem una miqueta de samba! Següent destí: Brasil

Brasil (Real Digital)

El Banc Central del Brasil té una doble proposta: un Real Digital per al públic en general (minorista) i un altre més exclusiu per a transaccions interbancàries (majorista). La primera serà una CBDC cash-like dirigida al consumidor i disponible per a tota la població de Brasil, mentre que el segon serà un token de liquidació digital d'accés restringit a transferències interbancàries i transaccions relacionades amb el banc central.

El 6 de març del 2023, Brasil va aixecar el teló del seu projecte pilot buscant crear un ecosistema descentralitzat i fomentar la creació d'aplicacions i contractes intel·ligents. La idea és començar sobre la Ethereum Virtual Machine, la tecnologia darrere de Ethereum (la segona criptomoneda més important que existeix), permetent només a les institucions financeres jugar en aquest entorn simulat. No obstant això, la moneda final no serà en la xarxa de Ethereum, sinó en una creada especialment pel banc central, inspirada en les característiques de Ethereum.

La seguretat i privacitat dels ciutadans és de màxima prioritat per al Banc Central del Brasil. Fabio Araujo, el coordinador de la moguda, ho té clar: garantir la privacitat en un món on la blockchain ofereix total transparència és un dels grans desafiaments. Pel que podem dir que Fabio, si que desitja fer una CBDC que no vulneri el dret dels ciutadans a gastar-se els seus diners com vulguin i que sí que desitja donar-los la privacitat que es mereixen.

A mesura que els països avancen en els seus propis projectes de CBDC, les diferències en enfocament i disseny es tornen evidents. Aquest es un cas, que deixa clar la missió de les CBDC, controlar al ciutadà. Per aquest mateix motiu Brasil ho té tan difícil a l'hora d'emetre el Real Digital, perquè no vol fer-ho!

El següent país és una meravella de la naturalesa, Les Bahames. Vegem quin tipus de CBDC ens trobem!

Bahames (Sand Dollar)

Les Bahames no sols ens fascinen amb les seves platges de sorra blanca i aigües cristal·lines, també són pioneres en el món financer. El Sand Dollar, llançat a l'octubre de 2020, va portar a aquest arxipèlag a ser el primer país a desplegar oficialment una CBDC al món.

Imagina pagar per un còctel tropical escanejant un codi QR a la platja. Això és el que ofereix l'aplicació Sand Dollar: realitzar transaccions mitjançant codis QR, targetes o fins i tot un nom d'usuari únic.

Malgrat el seu llançament innovador, les ones no han estat totalment a favor per al Sand Dollar. Si bé està implementant-se per a pagaments d'impostos, la transició ha estat més lenta de l'esperat. Encara que el 80% de totes les transaccions de pagament mòbil al país es fan amb Sand Dollar, les Bahames és un país on encara s'utilitza molt l'efectiu, predominant sobre els pagaments digitals.

Les Bahames ens demostren que, fins i tot en territoris petits, la innovació financera pot florir. No obstant això, també és veritat que el canvi cultural i d'hàbits és un desafiament global en la transició cap a les monedes digitals.

Última parada: Suècia!

Suècia (e-krona)

El Riksbank, el banc central suec, no és precisament un bebè en el món de les CBDCs. El seu projecte e-krona està en ple desenvolupament des de 2017 i ja es troba en la seva tercera fase de proves. Sens dubte, Suècia va seriosament.

Molts països han enfocat els seus CBDC com a mitjans de pagament. No obstant això, l'e-krona vol anar més enllà. La intenció darrere de e-krona és permetre que la gent no només realitzi pagaments, sinó que també inverteixi i estalviï. Sí, has llegit bé: inversions i estalvis!

Això s'allunya del corrent majoritari on les CBDC solen ser vistes únicament com a mitjans de pagament.

D'altra banda, mentre molts països coquetegen amb la idea de reduir la dependència de l'efectiu i oculten la seva veritable intenció, Suècia va al gra: volen eliminar-ho.

I encara que això pot sonar radical, en realitat reflecteix una tendència que porta anys en marxa al país i en la majoria de països desenvolupats. En l'última dècada, l'ús de l'efectiu ha caigut estrepitosament del 39% al 9%. Donada aquesta tendència, el Riksbank no veu necessitat d'ocultar les seves intencions. De fet, el més probable que altres països segueixin aquest camí, encara que de forma menys explícita.

Suècia sempre ha estat un país innovador i el projecte e-krona ho demostra. Amb una població ja acostumada als pagaments digitals i una disminució dràstica en l'ús de l'efectiu, Suècia és el camp de proves perfecte per a una CBDC que busca transformar el sistema financer.

ENS AFECTARAN I MOLT ...

CAPÍTOL 4

ENS POT PERJUDICAR?

4. ENS AFECTARAN I MOLT...

¿ Què ens milloraran realment?

Ara que ja coneixes millor les CBDC, veurem quines són les solucions reals perquè segur que has sentit que els bancs centrals argumenten beneficis com a millores en l'eficiència i la velocitat dels pagaments, en la inclusió financera o, fins i tot, que potencia la solvència del sistema financer, però, què signifiquen aquestes millores realment i perquè les CBDC les aporten?

Som-hi!

EFICIÈNCIA DE PAGAMENT

- Eliminació d'intermediaris.
- Costos d'emissió i emmagatzematge.

INCLUSIÓ FINANCERA

Accés a més persones als serveis financers.

SOBERANÍA MONETARIA

Mantenir el control de l'oferta i la política monetària del país.

TRAÇABILITAT

La tecnologia DLT permet optimitzar la traçabilitat de les transaccions financeres.

Eficiència i costos en els pagaments

T'imagines realitzar pagaments més ràpids i amb menys costos? Doncs això és el que podrien aportar les CBDC. Perquè? Per dos motius principals:

El motiu clau en aquest cas, és l'eliminació d'intermediaris. Igual que les criptomonedes, les CBDC eliminen intermediaris i, amb això, costos de transacció. En la majoria dels projectes CBDC, els únics participants en les transaccions o en la tinença de diners són el banc central, el ciutadà i, en alguns casos, una empresa proveïdora de la cartera digital, d'aquesta manera s'elimina la intermediació d'entitats de crèdit, bancs comercials o caixes d'estalvi, la qual cosa suposa una disminució dels costos per transacció molt important.

D'altra banda, malgrat que, avui dia, els diners digitals ja representen el 92% i els diners físics només el 8% dels diners mundials, l'objectiu dels bancs centrals és reduir-lo com més millor. Per exemple, si només considerem el dòlar, el 97% és digital i només el 3% és físic. Pel que, si eliminem els diners en efectiu, diem "adéu-siau" als costos d'emissió i sobretot als d'emmagatzematge.

Inclusió financera

T'has sentit alguna vegada exclòs del sistema bancari tradicional? Si la resposta és afirmativa, les CBDC venen al rescat, sent una cartera digital per a tots. Amb les CBDC, en principi, el ciutadà no haurà de disposar d'un capital mínim per a realitzar transaccions o operacions financeres, serà una infraestructura que estarà a la disposició de tots els ciutadans, no tindrà diferents regulacions com passa actualment amb la banca comercial on cada banc estableix unes normes i costos diferents en el seu ús i també es posarà a la disposició de grups vulnerables.

Però ull, té el seu taló d'Aquil·les, ja que exclouen sistemàticament a una part important de la població.

És una realitat que hi ha un percentatge important de població amb dificultat per a adaptar-se a les noves tecnologies i que, sens dubte, prefereixen utilitzar l'efectiu com a mitjà de pagament per la facilitat en l'ús que els hi dona i perquè realment no saben com realitzar transaccions de manera digital ni qualsevol altre tipus de gestió en línia ja sigui per la seva edat o pel seu nivell de formació, per la qual cosa, aquesta solució que venen com un avantatge fa aigües per diversos costats…

Sobirana monetària

Les CBDC poden ajudar els bancs centrals a mantenir el control sobre l'oferta i la política monetària en general. Això pot ser especialment important en temps de crisi econòmica, quan els bancs centrals necessiten prendre mesures per a estabilitzar l'economia. És a dir, les podrien utilitzar com un capità al timó d'un vaixell.

La primera de les mesures que permeten les CBDC als bancs centrals és la de limitar el capital disponible de les carteres, és a dir, els bancs centrals podran establir límits mínims o màxims a la tinença de capital o fins i tot limitar i controlar la despesa de cada cartera, obligar a gastar una mínima quantitat de diners per a fomentar el consum o, fins i tot, posar-li data de caducitat a la CBDC que tinguis en la teva cartera, sona lleig veritat? Doncs benvolgut lector, així és!

Aquestes mesures li donen molt poder al banc central respecte als ciutadans i malgrat que pot ser "beneficiós" per a l'economia global i per a la prevenció de crisi, la realitat és que aquestes mesures afecten greument els drets que tens com a ciutadà en quant a gastar-te els teus diners com et doni la gana, que per a això te'ls has guanyat...

Malgrat lo esmentat, els bancs centrals ja decideixen quant diners "imprimir" en cada moment i podríem dir que les decisions que han pres als darrers temps no són les més encertades quant a política monetària es refereix. Per tant, malgrat ser una eina potencialment útil per a evitar crisi, depèn en gran manera de qui la manegi per a ser una eina realment útil. Creus que la utilitzaran correctament?

Transparència i traçabilitat

Les CBDC, igual que les criptomonedes, poden oferir una major transparència i traçabilitat en les transaccions financeres gràcies a la tecnologia DLT. En aquest sentit, proposo una analogia que crec que és idònia per a explicar la solució que aporta. Un ganivet pot donar de menjar a algú o pot assassinar a una persona. Amb la transparència i la traçabilitat passa el mateix, es pot utilitzar per al bé o per al mal, és a dir, les CBDC poden permetre que el banc central sàpiga en tot moment quants diners tens i com el gestiones, que transaccions fas, a qui, etc. Llum, cambra, acció! Amb les CBDC, tot està sota el reflector…

Això ho poden fer servir, com argumenten els bancs centrals, per a regular i controlar el frau. Però també per a controlar als ciutadans, amb això no estic dient que ho faran, només dic que poden fer-ho i per a mi això és suficient.

Si ho mirem des de l'altra cara de la moneda, malgrat que no s'acabi fent, perquè clarament, als bancs centrals no els interessa, mitjançant la tecnologia DLT podríem saber en tot moment a què s'estan destinant les nostres contribucions via impostos, si realment els pressupostos de l'estat es destinen al que s'ha pressupostat i fins i tot disminuir (ja que és impossible eliminar-la) la corrupció política. Imagina-t'ho! Això sí que seria útil Veritat?

Ens poden perjudicar econòmicament?

Com a bon economista que soc, m'agrada sempre analitzar els impactes econòmics i financers que pot provocar tota revolució financera, així que, som-hi! Com pot afectar-nos a nivell econòmic i financer? Ho sento, ara si que em posaré una mica més tècnic...

Bueno, com t'imaginaràs donar-li resposta a aquesta pregunta és complicat, ja que aquest impacte afectarà tant la micro com a la macroeconomia i és encara molt aviat per a poder analitzar-ho. Per a poder analitzar en profunditat l'impacte en l'economia mundial de les CBDC haurem d'esperar mínim una dècada, ja que serà una transició lenta i amb certs impactes rellevants no immediats.

Però com m'agrada aventurar-me, és cert que ja es comencen a veure uns certs impactes que provocarà l'emissió de les CBDC en termes econòmics, sobretot en països que ja les han implementat.

És clar que l'emissió de les CBDC farà disminuir el diner efectiu, conseqüentment, sorpresa! augmentarà els diners totals en circulació, la qual cosa augmentarà (encara més si cap) el deute públic del país per a no incórrer en riscos crediticis.

A més, la introducció d'una CBDC que proporcionés beneficis als seus posseïdors provocaria la migració de capital d'altres actius cap a aquestes, podent desestabilitzar el sistema financer.

Per aquest motiu, hi ha bancs centrals que diuen combatre'l posant sostre en les tinences dels individus de CBDC ja que ajudaria a evitar grans sortides de dipòsits, però, al meu parer, aquesta solució faria córrer el risc de reduir la seva utilitat com a mitjà de pagament en reduir l'escalabilitat i l'abast d'aquestes.

D'altra banda, existeix clarament la possibilitat que les despeses de finançament dels bancs augmentin si els dipòsits disminueixen mentre es generalitza la disponibilitat d'una CBDC amb interessos.

Aquest encariment de les despeses de finançament als bancs, al seu torn, podria generar un gran impacte en l'economia a nivell micro, perquè augmentaria el cost del crèdit per a les llars i les empreses. Sí, escoltes (perdona, llegeixes) bé, les CBDC podrien provocar que els préstecs es tornin més cars per a tu i per a les empreses!

A més, segons un estudi del Banc de Pagaments Internacionals, una CBDC, malgrat el que es creu, pot afeblir l'eficàcia de la política monetària, ja que podria disminuir la relació entre aquesta i les taxes d'interès en oferir una connexió directa entre el banc central i la població.

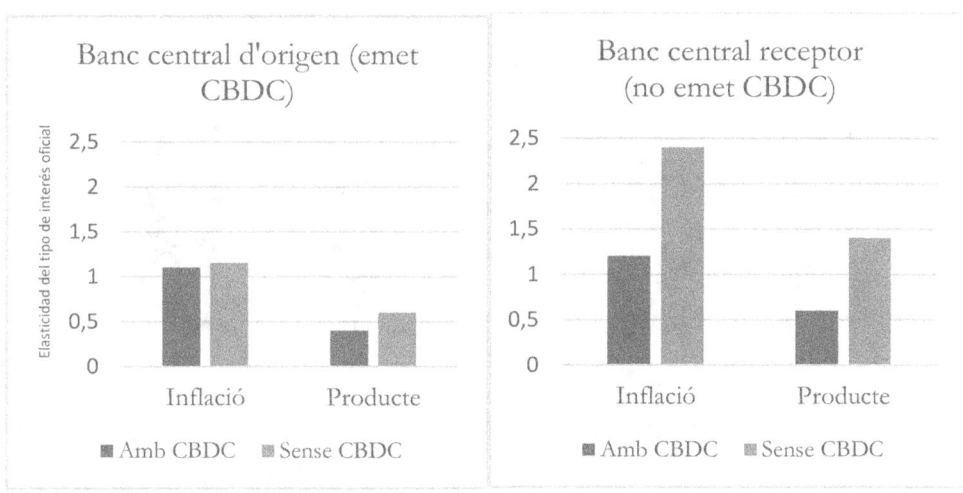

Si ens imaginem un món amb les CBDC globalment incorporades, segons un speech de Fabio Panetta, les economies sense una CBDC es poden veure afectades, ja que estaran subjectes a efectes de contagi més forts i els seus bancs centrals es veurien obligats a ser més reactius a les fluctuacions de la producció i a la inflació, la qual cosa reduiria la seva autonomia.

El gràfic mostra simulacions de models realitzades pel personal del BCE que il·lustren com, la presència d'una CBDC estrangera, afecta a la funció de reacció d'un banc central receptor. Aquest banc central enfronta efectes de contagi de xoc més forts i pot necessitar ser dues vegades més reactiu a la inflació i a les fluctuacions del producte.

Per contra, la funció de reacció del banc central que emet la CBDC gaire bé no canvia.

D'aquesta forma, en un món dominat per les CBDC, si el teu país no en té una, prepara't per a un viatge mogut! Les fluctuacions econòmiques podrien sentir-se com a turbulències.

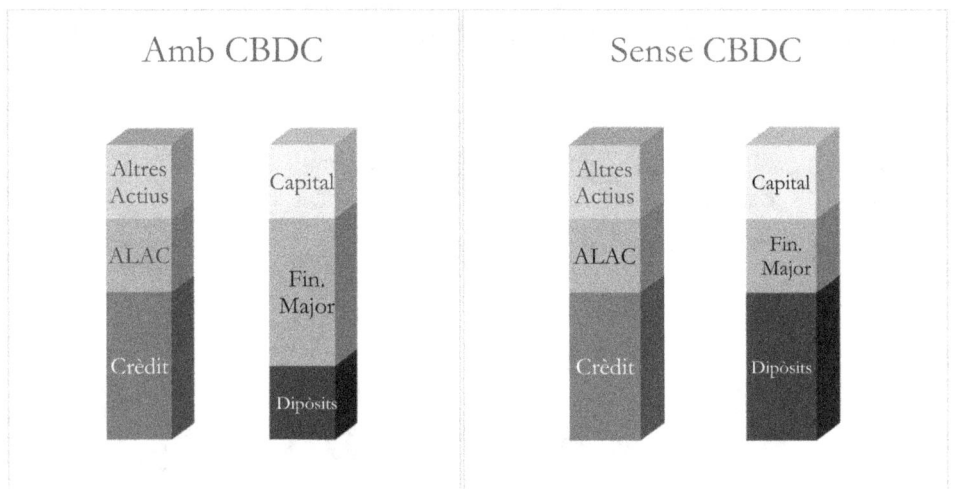

Varis dels bancs centrals més rellevants han realitzat un estudi conjunt en la seu del Banc de Pagaments Internacionals per a analitzar l'impacte d'una CBDC. Les estimacions principals es mostren, de forma resumida, en el gràfic. En aquest s'observa l'estructura d'un balanç bàsic bancari sense CBDC i amb CBDC.

L'impacte essencial consistiria en la necessitat de traslladar bona part del finançament del tram minorista (dipòsits) al tram majorista, ja que gran part dels comptes bancaris migrarien a la CBDC de banc central.

Aquest canvi és molt més que una simple substitució de fonts de finançament. D'una banda, perquè alteraria l'estructura de remuneració de passius i podria encarir el cost del finançament i estrènyer els marges. Per un altre, perquè canviaria la relació amb el client i la forma en que s'han vingut transformant els dipòsits en crèdit.

Esc 1   Esc 2   Esc 3   Esc 4

Taxa de crèdit per compensar (%)

Impacte en el ROE (%)

En tot cas, perquè ho entenguis millor, de manera quantitativa, es consideren quatre possibles escenaris en el següent gràfic en funció del percentatge de dipòsits que fos substituït per finançament majorista.

Escenari 1: aquest transvasament estaria entre el 0 i el 5%

Escenari 2: amb transvasament d'entre el 5% i el 10%

Escenari 3: transvasament entre el 10% i el 20%

Escenari 4: el transvasament per sobre del 20%

Els impactes sobre la rendibilitat del capital (ROE) podrien ser de fins al 0,9%. Així mateix, els bancs haurien d'augmentar el crèdit concedit per a compensar l'impacte en els seus marges.

 L'increment necessari en la taxa de creixement dels préstecs estaria entre el 0,2% i el 0,6%.

I ara, una bomba per a acabar! la Xina ja està sacsejant el tauler financer. El iuan digital està fent ombra al dòlar en les transaccions globals.

De fet, per primera vegada el iuan ha superat al dòlar quant als pagaments transfronterers. El motiu? Les monedes digitals. I si bé encara són joves en l'escenari mundial, estan posant a prova la fortalesa del dòlar.

Finalment, a la Xina, a causa de l'e-iuan i d'altres monedes i innovacions digitals, els pagaments amb targetes de crèdit cada vegada són menys freqüents i menys rellevants en l'economia del gran drac vermell.

Després de saber tot això, oi que et sembla una bogeria que sabessis tan poc de les CBDC? És el moment d'educar-te sobre les CBDC! Són aquí per a quedar-se i remodelaran el panorama financer mundial!

I què passa amb les lleis?

Però no sols hi ha implicacions econòmiques, també reguladores, sobretot per la diferència entre la velocitat amb la que apareixen les innovacions i el ritme del desenvolupament normatiu. Podríem dir que la innovació va amb AVE i la regulació amb bicicleta!

Els nostres sistemes legals actuals poden no estar llestos per al tsunami digital que representen les CBDC. Imagina tractar d'encaixar un xip modern en una ràdio antiga. Exactament això! La protecció de les nostres dades i la prevenció contra actes il·lícits són només la punta de l'iceberg. De fet, és possible que es produeixin bretxes reguladores en abordar riscos exclusius de les CBDC i que aquestes normatives hagin d'evolucionar a mesura que l'aparició i adopció de les CBDC ho requereixi.

D'altra banda, tal com relata el World Economic Fòrum el principal problema no és la tecnologia, és la velocitat! Si els encarregats de formular polítiques no acceleren, podríem perdre molts beneficis de les monedes digitals o trobar-nos amb regulacions que no encaixen!

Què és una CBDC? Bona Pregunta! En l'actualitat, cada país sembla tenir una idea diferent. És una moneda? És un actiu? Doncs, actualment continua existint una falta de coordinació global sobre la classificació de les CBDC o les monedes estables i sense consistència reguladora, una CBDC o una moneda estable multijurisdiccional podria necessitar complir amb les regulacions diferents en cada país i per aquest motiu poden sorgir inconsistències jurídiques. Quin embolic!

Mentre naveguem per aquestes aigües desconegudes, la regulació MICA proposa una brúixola. La seva idea és simple però brillant: per què no regular basant-nos en els riscos?

Així, en lloc de tractar a totes les monedes digitals igual, podríem tenir diferents regles segons el seu potencial de risc.

Llavors, pot ser arriscat, no?

L'entusiasme per les CBDC és palpable, però també hi ha opinions i riscos que no podem ignorar. Tony Yates, escriptor del Financial Times i antic assessor principal del Banc d'Anglaterra, sens dubte, una veu que no pot passar desapercebuda qüestiona fortament l'arribada de les CBDC. "Realment les necessitem?", es pregunta. Assegura que els diners ja son prou digitals i que les motivacions darrere de les CBDC semblen una miqueta fosques. La seva experiència en el Banc d'Anglaterra li dona una certa autoritat, però té raó?

Només el temps dirà, la realitat és que Yates també és detractor de les criptomonedes, ja que segons diu (igual que la majoria dels detractors de les criptomonedes) la major part de l'ús d'aquestes és il·lícit i especulatiu. Però quanta veritat hi ha en això? Dades recents de Chainalysis dibuixen una imatge diferent: només el 0,15% de les transaccions cripto en 2021 van ser il·lícites! Creus realment que el percentatge de diner efectiu que s'usa per a pagaments il·lícits és menor?

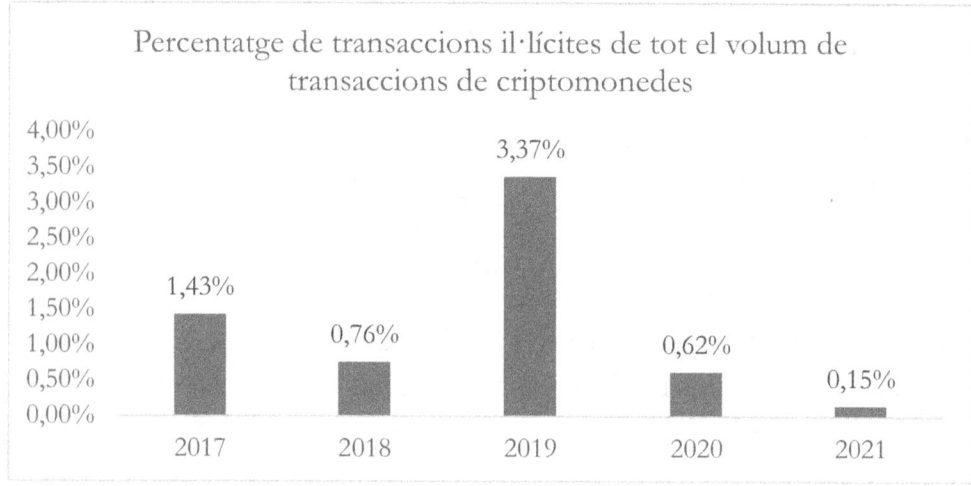

Percentatge de transaccions il·lícites de tot el volum de transaccions de criptomonedes

Anem a l'embolic. Desglossem els riscos més rellevants.

Estabilitat financera

Les CBDC semblen ser la clau daurada per a una economia estable, i així pot ser, sempre que les mans que les manegin estiguin ben entrenades. Però, si aquestes mans tremolen, podríem estar mirant l'abisme de la inestabilitat financera. El poder de les CBDC és una espasa de doble tall per a l'economia mundial!

De fet, el nostre amic ja esmentat Pablo Gil ens adverteix dels riscos. Una relliscada d'un banc central i bam! El sistema financer mundial podria trontollar-se.

En temps de crisi, tots busquem un refugi. Però amb les CBDC, aquest refugi podria significar un salt digital directe dels inversors cap al banc central, i a una velocitat inaudita.

En situacions de tensions financeres sistèmiques, els inversors acostumen a traslladar els seus dipòsits a institucions financeres que consideren més segures o a valors de deute públic i una CBDC, sens dubte, ha de ser-ho.

Pel que l'adopció de CBDCs podria desencadenar una sèrie de canvis que posin a la banca tradicional en un destret. Des de perdre una porció del suculent pastís dels pagaments majoristes fins a enfrontar-se a una competència feroç amb entitats no bancàries.

Transmissió d'impactes internacionals

L'emissió de CBDC per a ús de no residents pot amplificar la transmissió transfronterera de xocs, augmentar la volatilitat del tipus de canvi i alterar la dinàmica dels fluxos de capital. Dit d'una altra forma, un petit esdeveniment en un país en una economia mundialment connectada per les CBDC pot provocar un efecte dominó imparable.

Encara que les CBDC brillen com a estrelles segures i líquides en el firmament financer, no estan pensades per a ser actius d'inversió. Com he explicat anteriorment, això pot exposar a les economies i els bancs centrals que no emeten CBDC a certs problemes i a una major pressió del mercat.

De fet, segons Panetta "l'accés estranger significatiu a la CBDC d'un país podria resultar en greus conseqüències no desitjades tant per al país d'origen com per als països estrangers".

Seran les CBDC la nova brúixola que guiï l'economia mundial o l'iceberg que l'enfonsi?

Volatilitat dels tipus de canvi

Aquest risc té una certa relació amb l'anterior, si un país treu al mercat una CBDC especialment seductora, els inversors podrien córrer cap a ella com a mosques a la mel, reforçant la moneda del país emissor i deixant enrere a altres monedes o, cosa que és el mateix, la moneda seductora s'apreciaria en relació amb les altres. I si no és només un país el que llança una CBDC temptadora?

En un escenari on diversos bancs centrals entren en escena amb les seves pròpies monedes digitals, podria haver-hi molta competència per atreure inversors i comerciants, la qual cosa podria provocar volatilitat en els tipus de canvi de les diferents CBDC.

Control al ciutadà

Aquest risc, a diferència de tots els altres, només afecta als ciutadans, de fet, es podria dir que, en els bancs centrals, els afecta positivament.

En aquest sentit, en endinsar-nos en l'era digital, obrim la porta a comoditats sense precedents. Però a quin preu? La CBDC té doble cara: una cara brillant de facilitats i una ombrívola que analitza cada pas que donem.

Mentre el paper moneda sempre ens ha ofert aquest mantell d'anonimat, la moneda digital centralitzada pot despullar-nos d'ell. Imagina un món on cada transacció, cada cèntim gastat, queda registrat en un llibre al qual el govern té accés directe.

La integració amb els sistemes de qualificació social obre oportunitats encara majors per al càstig. Una publicació en desacord amb la política governamental?

Una multa de trànsit que vas oblidar pagar? Amb només modificar unes poques línies de codi, el govern podria tenir un control sense precedents sobre les teves finances. Avui, en llocs com la Xina, el "scoring" poblacional ja és una realitat palpable.

Una qualificació que no sols analitza el teu comportament financer, sinó també les teves opinions i comportaments. Imagina que et deneguin un préstec, no pel teu historial creditici, sinó pel teu "historial social". Et sona a pel·lícula? Bé, hi ha casos reals a la Xina en els quals un ciutadà no ha pogut accedir a un préstec pel seu scoring a causa d'haver publicat contingut en contra d'alguna opinió del govern.

Per aquest motiu, si s'emet a nivell minorista o per un govern menys benvolent, pot representar un assalt potencialment preocupant a la privacitat i la protecció del consumidor.

En resum, si bé les CBDC poden portar nombrosos avantatges, l'emissió de monedes digitals a nivell minorista pot posar en dubte dret tan bàsics com la llibertat de gestionar els seus diners com creguis convenient, el dret a la propietat i el dret a la llibertat de expressió.

Vull fer només una reflexió per a tancar el tema, què evitarà que les CBDC es converteixin en una arma contra els ciutadans o que potencialment bloquegin les transaccions legítimes de grups que simplement tenen ideologies polítiques diferents?

La resposta és senzilla, només depèn de la voluntat dels bancs centrals, perquè la tecnologia de les CBDC els hi permet fer-ho.

Competència i monopoli

A causa de diversos aspectes, cada vegada hi ha menys bancs comercials, les CBDC poden ser el factor clau per a reduir encara més el nombre de bancs comercials i que això provoqui una disminució de la competència i, fins i tot, pot possibilitar en alguns països el monopoli en el mercat financer.

Però què succeeix quan hi ha poques opcions? En el pitjor dels escenaris, podríem trobar-nos en un mercat on un únic jugador domini l'espectre financer.

La falta de competència, històricament, ha portat a majors costos, menor innovació i una qualitat de servei inferior, el sector públic n'és un bon exemple... Per a l'usuari comú, això podria traduir-se, sobretot, en tarifes més altes.

Moneda local

Si una CBDC s'utilitzés fora de la seva jurisdicció i s'adoptés àmpliament en un país tercer, podria suplir a la moneda local totalment i portar-la a perdre la seva funció com a mitjà de pagament, unitat de compte i dipòsit de valor, això podria passar sobretot en economies menys desenvolupades amb monedes inestables.

Una economia on la moneda local, amb una història i cultura darrere, s'esvaeix gradualment, reemplaçada per una CBDC estrangera no seria només una pèrdua cultural, sinó que podria portar inestabilitat i vulnerabilitat a l'economia local.

El fenomen d'una moneda estrangera dominant una economia local no és nou. El dòlar estatunidenc, amb el seu poder i estabilitat, ja ha exercit aquest paper en diverses nacions, sobretot en països amb economies fràgils.

Les CBDC, en el seu format digital i amb els avantatges que ofereixen, podrien fer això a una escala encara més gran i a un ritme més accelerat.

Riscos tecnològics

Ara vegem l'últim risc important. En una era on tot és digital, les amenaces tecnològiques s'han tornat cada vegada més sofisticades i les CBDC, en entrar en aquest domini, no són immunes a aquests riscos. Tot i que les promeses de la tecnologia blockchain suggereixen un nivell alt de seguretat, no es pot ignorar el fet que qualsevol sistema, per avançat que sigui, té les seves vulnerabilitats.

I el més preocupant de tot, les CBDC traslladaran riscos tecnològics significatius al sector públic i en última instància, als contribuents, que seran els més afectats per aquesta mena de tecnologies!

A més, mentre que les criptomonedes tradicionals s'enorgulleixen de la seva descentralització, una CBDC és, per naturalesa, centralitzada, estant sota el control i supervisió del seu banc central. Aquesta centralització pot convertir-se en un taló d'Aquil·les, oferint un únic punt d'atac.

Si un banc comercial experimenta una fallada tecnològica o és víctima d'un ciberatac, les repercussions són greus però limitades als seus clients i accionistes.

Però quan es tracta d'un banc central, que supervisa i garanteix l'estabilitat d'una economia nacional, les conseqüències poden ser catastròfiques.

És més, així com la fallida de qualsevol banc soscava la credibilitat de la banca, una CBDC té el potencial de traslladar aquest risc als bancs centrals i per això el risc és molt major.

Al final, és de sentit comú, una moneda digital és això, digital i conseqüentment es pot programar o hackejar, qualsevol hackeig o, fins i tot, error tecnològic d'un banc central podria paralitzar l'economia d'un país sencer. A més, estaràs amb mi en què, en una guerra és més senzill atacar a l'enemic si concentra totes les seves tropes en una mateixa base. Per això, és molt més difícil de hackejar una moneda digital com Bitcoin, descentralitzada i amb milers de "bases".

Ara que ja hem vist els riscos i que ja t'estàs fent un expert en això de les CBDC veurem un projecte real des de dins. Des de dins? Si, he estat en contacte amb un membre de la unitat CBDC del banc central d'aquest país així que tinc informació de primera mà! Som-hi!

Un projecte real des de dins – Britcoin
¿Què és?

El Britcoin, també conegut com la lliura digital, emergeix com una proposta de moneda digital emesa pel Banc d'Anglaterra i denominada en lliures esterlines pel que la població anglesa la podria utilitzar per a realitzar transaccions diàries. A més, com destaca en la web oficial el Banc d'Anglaterra, la intenció no és reemplaçar a l'efectiu, sinó complementar-lo.

Com ho defineixen des del Banc Central d'Anglaterra i HM Treasury? De manera semblant: "Versió electrònica de l'efectiu emès pel Banc d'Anglaterra i accessible mitjançant les carteres digitals proveïdes per companyies privades."

Entre altres coses, deixen clar que NO es crearà per a generar interessos ni per a estalviar o invertir amb ella. Són molt clars, la lliura digital està pensada per a la despesa diària, no per a l'estalvi.

Malgrat estar en una etapa molt inicial, al febrer de 2023 després de l'anunci del Tresor del Regne Unit i del Banc d'Anglaterra referent a la lliura digital, les cerques de "moneda digital" al Regne Unit es van multiplicar per quatre, per la qual cosa és clar que, cada vegada, aquest tipus de moneda té més demanda entre la població del país. Ben Broadbent, sotsgovernador de política monetària, ha emfatitzat més d'una vegada els avantatges de la lliura digital en conferències del Banc d'Anglaterra i cal no oblidar que Londres és, actualment, la ciutat líder quant a centres criptogràfics o el que és el mateix, el primer Crypto Hub a nivell mundial! Pel que té empreses del sector molt potents.

D'altra banda, malgrat no comentar-ho en la pàgina principal, també estan estudiant la possibilitat d'implantar una CBDC majorista (CBDC wholesale) per a millorar els sistemes existents, a través de l'eficiència i la transparència que aporten les tecnologies DLT i per la disponibilitat d'operar 24 hores al dia durant els set dies de la setmana, per a fomentar i habilitar la innovació del sector privat i per a implementar una nova infraestructura.

De fet, segons em comenta Charlie (el meu contacte), membre de la unitat CBDC del Banc Central d'Anglaterra, moltes decisions tecnològiques encara no estan preses i es prendran segurament en la pròxima fase, la fase de disseny.

¿Cóm s'utilitzarà?

La idea del Banc d'Anglaterra respecte a l'ús del Britcoin és que cada ciutadà tingui en la seva pròpia cartera virtual el seu compte privat i, segons diuen, el Banc d'Anglaterra no tindrà accés a cap de les teves dades ni podrien veure en què es gasta els teus diners ja que tractaries directament amb el proveïdor de la teva cartera, aquests últims sí que tindrien accés a les teves dades per a identificar-te i evitar delictes o fraus fiscals.

Però d'altra banda, deixen molt clar que la privacitat continuaria estant protegida per les normes de privacitat de dades i no es compartirien ni amb el govern ni amb el Banc d'Anglaterra, ja que, al final, el proveïdor de la teva cartera sí que tindrà totes les teves dades i la base de la CBDC és una blockchain en la qual es pot saber en tot moment com es mou els diners, per la qual cosa, si el proveïdor li dona la nostra identificació al govern, sí que podria saber en tot moment on i com es mouen els nostres diners.

Creus que ens oculten una cosa benvolgut lector?

De fet, si ens llegim la lletra petita del Consultation Working Paper elaborat pel Banc d'Anglaterra (que ho he fet), es deixa la porta entreoberta al que apunto, "les empreses que tenen dades personals també poden compartir aquestes dades sempre que existeixi una base legal" pel que, malgrat que serien les empreses proveïdores de carteres les que tindrien les nostres dades, tant el govern com el Banc d'Anglaterra si podrien accedir a les dades dels ciutadans anglesos i per tant a tota la informació financera que aquests efectuïn.

A més, pel que m'han comentat i pel que he pogut investigar, la intenció del Banc d'Anglaterra és eliminar els intermediaris al màxim en les transaccions amb la seva CBDC, (en aquest cas, eliminar com a intermediari a la banca comercial) pel que solament hi hauria les següents figures:

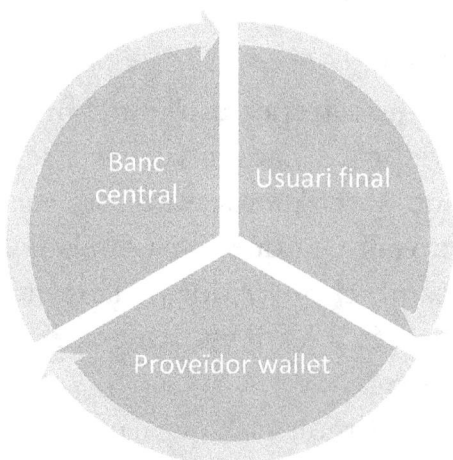

D'altra banda, la intenció del Banc d'Anglaterra, malgrat no ser la de controlar-nos, és establir un límit quant a la quantitat de lliures digitals que podrien tenir els ciutadans anglesos.

Segons comenten, això els donaria temps per a comprendre l'impacte en el sistema financer. Una vegada analitzat l'impacte en el sistema financer i en l'ús de la gent, "revisarien" el límit.

Durant la meva conversa amb en Charlie, després de preguntar-li sobre la limitació de la lliura digital em va comentar alguna cosa així com que el límit que s'establirà és en el nombre de lliures digitals que un individu pot posseir i que dit limiti pot canviar amb el temps depenent dels efectes que la lliura digital provoqui al sistema financer. Li ho compres? En certa manera té sentit...

Roadmap:

Com podem veure en el roadmap elaborat pel Banc d'Anglaterra i HM Treasury en el 2023 es va implementar ja la Fase 2, el disseny de la CBDC, que pel que m'han dit des de dins, té previst la seva fi entre el 2025 i el 2026.

En conclusió, el Regne Unit s'endinsa de ple en l'era de la moneda digital amb la seva proposta del Britcoin.

Si bé encara hi ha incerteses i preocupacions, especialment entorn a la privacitat i els límits de possessió, l'adopció de les CBDC en el món és una tendència que sembla inexorable.

Malgrat estar en una etapa inicial, amb Londres com a líder en innovació criptogràfica, es troba en una posició única per a liderar aquesta transformació financera digital.

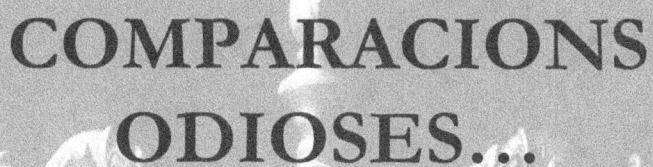

COMPARACIONS ODIOSES...

CAPÍTOL 5

FORA PREJUDICIS
SI US PLAU

5. COMPARACIONS ODIOSES...

Són diferents de les criptomonedes?

Alguna vegada t'has preguntat en què es diferencien les CBDC amb les criptomonedes com Bitcoin? Benvingut al club! Però no et preocupis, estàs a punt de descobrir-ho.

Malgrat les similituds tecnològiques, hi ha una gran diferència entre les unes i les altres. Les criptomonedes com Bitcoin són com els rebels del món financer: descentralitzades, a més, el seu valor depèn de l'oferta i la demanda. D'altra banda, les CBDC són emeses pels bancs centrals, i recolzades per la confiança que tenim en aquests bancs.

S'assemblen tant que, tot i que als bancs cen trals no els agradi aquesta classificació, les CBDC es consideren per molts entesos com una mena de cripto-actiu i les criptomonedes com una altra mena de cripto-actiu diferent, és a dir, són cosines germanes!

Aprofundim una mica més? Som-hi! Les criptomonedes són mitjans digitals d'intercanvi descentralitzats que utilitzen la tecnologia blockchain per a garantir la seguretat de les transaccions, mentre que les CBDC són monedes digitals emeses per un banc central i es consideren una forma de diners de curs legal a més d'estar recolzades per la confiança de la institució emissora.

Vegem les diferències clau en la següent pàgina:

	CBDC	Criptomoneda
Emissor	Banc central	Empresa privada o xarxa descentralitzada
Centralització	Centralitzada	Descentralitzada
Valor	Suport por un banco central	Depèn de la oferta y la demanda
Regulació	Moneda de curs legal	La majoria fora de l'abast de la regulació

Emissor: Les criptomonedes són com un treball en equip d'una comunitat global. D'altra banda, les CBDC tenen un únic cap: el banc central del país o de la comunitat de països.

Centralització: Les criptomonedes són descentralitzades, mentre que les CBDC són centralitzades, el que significa que la seva emissió i control està en mans d'una sola entitat, en aquest cas el banc central. Per posar una analogia: Les criptomonedes són com una festa sense amfitrió, on tots participen. Les CBDC, en canvi, són com un sopar amb un amfitrió que decideix el menú.

Valor: El valor d'una criptomoneda es basa planament en l'oferta i la demanda del mercat, és a dir, en quanta gent la vol comprar i quanta gent la vol vendre, mentre que el valor d'una CBDC està recolzat pel banc central.

Tecnologia: Ambdues comparteixen alguna cosa en comú: la fascinació per la tecnologia! Però, mentre les criptomonedes són fidels a la blockchain, les CBDC poden ser més flexibles amb les seves opcions tecnològiques, malgrat que la majoria d'elles usen la seva pròpia blockchain.

Propòsit: Les criptomonedes s'utilitzen principalment com a mitjà de pagament, inversió o emmagatzematge de valor, però poden tenir moltes utilitats diferents, mentre que les CBDC s'utilitzen també com a mitjà de pagament, per a facilitar transaccions financeres i recolzar la política monetària del banc central.

Regulació: Les criptomonedes sovint estan fora de l'abast de la regulació governamental, mentre que les CBDC estan subjectes a la supervisió i regulació dels bancs centrals i altres autoritats financeres.

És important destacar que la implementació de CBDC pot ser vista com un intent per part dels bancs centrals d'aprofitar els beneficis de la tecnologia blockchain i la digitalització de l'economia, mentre es mantenen els avantatges de la centralització i el control de la política monetària.

Però, la veritat és que les criptomonedes han estat creades com una alternativa descentralitzada al sistema financer tradicional i que cada vegada estan trobat un ús més ampli en diferents contextos.

¿Y què hi ha de Bitcoin? És especial, i no sols perquè va ser la primera criptomoneda amb una certa importància. Té tres característiques que no té cap altre actiu digital (ni físic) que pugui considerar-se una reserva de valor o de patrimoni. BTC té una limitació quantitativa de 21 milions d'unitats, és a dir, com a màxim hi haurà 21.000.000 unitats de Bitcoin i no es podran crear més, per la qual cosa és escàs i finit, no cal ser un il·lustre per a saber com afecta això al valor d'un actiu.

Per a explicar això hi ha una analogia que m'encanta. Imagina una illa deserta on hi ha cent persones sense menjar i des d'un avió els llancem un plàtan, aquest plàtan tindrà un valor immens, però, si minuts després, enviem una caixa amb milers de plàtans, el valor del plàtan anterior acaba sent insignificant. És de sentit comú, veritat?

Doncs l'economia, per molt difícil que sembli funciona igual!

De fet, té una certa relació amb la crisi inflacionària del 2022 en el qual la impressió desmesurada de bitllets per part de la FED i del Banc Central Europeu ha provocat una pèrdua de valor adquisitiu molt gran per a la població, per això crec que l'escassetat de Bitcoin és una característica tan rellevant per a considerar-lo una reserva de valor en el temps.

D'altra banda, la seva estructura tecnològica el fa un actiu molt segur a l'hora de realitzar transaccions amb ell, ja que, una vegada es realitza una transacció, aquesta és irrevocable i ha d'haver estat validada per la majoria dels nodes de la xarxa.

Finalment, cada quatre anys aproximadament es produeix el famós "halving", que redueix a la meitat l'emissió de Bitcoin, per la qual cosa, no només hi ha un numero finit d'aquests, sinó que cada vegada es redueix l'emissió de noves unitats, és a dir, cada vegada "es fabriquen" menys bitcoins. Òbviament, és un factor important perquè el valor de Bitcoin va a l'alça a llarg termini.

Llavors, quin és el futur? Aquesta és la pregunta del milió. Vinga, em mullaré, encara que no tinc cap bola de cristall…

Al meu parer ambdues coexistiran i com Pablo Gil em va comentar en l'entrevista que vam tenir, moltes criptomonedes desapareixeran (la qual cosa beneficiarà al sector de les criptomonedes) i només sobreviuran les que realment aportin un valor real, com Bitcoin. En aquest sentit, Bitcoin fins i tot es pot veure beneficiat, perquè gran part del capital d'aquestes criptomonedes que desapareixeran anirà a parar a la blockchain de Bitcoin i el seu valor continuarà pujant, però, al final, això és simplement una opinió.

D'altra banda, segur que hi ha una pregunta que tu també t'has fet; **Com es relacionaran les CBDC amb les criptomonedes? És a dir, podrem canviar les unes per les altres?**

Doncs la veritat és que és aviat per a saber-ho, però si ens fixem en països com la Xina o Nigèria, actualment canviar CBDC per criptomonedes es fa des d'un Exchange, és a dir, de la mateixa forma que les monedes tradicionals. Per a poder entrar una mica més en profunditat, li vaig fer aquesta mateixa pregunta a Charlie de la unitat de CBDC del Banc d'Anglaterra i em va deixar clar que la prioritat és fer que la CBDC sigui interoperable només amb les monedes FIAT, obrint la porta en un futur a tenir interoperabilitat amb les stablecoins, però en cap cas amb les criptomonedes com Bitcoin, ja que segons ell "són molt semblants a les accions". Pel que, en el cas de la lliura digital i segurament en la majoria de CBDC, només es podran intercanviar mitjançant un Exchange, per la qual cosa en tot moment es podria rastrejar els diners que entren i surten del sistema gràcies al KYC, igual que amb les monedes tradicionals actualment.

Per a acabar, com em va recordar Pablo Gil en la nostra entrevista, és important destacar que la conversió de CBDC a criptomonedes podria estar subjecta a regulacions específiques. Així que benvolgut lector, només el temps dirà!

Quin cripto-actiu serà el més utilitzat? Veurem!

Quina diferència hi ha amb les Stablecoins?

A primera vista, les CBDC i les stablecoins semblen germanes bessones del món digital. Però si grates una mica la superfície, veuràs que tenen personalitats i propòsits diferents. Llest per a descobrir què les fa úniques? Som-hi!

Les stablecoins o monedes estables són una modalitat de criptomoneda que funcionen com a representacions digitals del dòlar, l'euro i altres monedes o actius com l'or. Aquestes criptomonedes van néixer per diversos motius, però el més important va ser solucionar l'alta volatilitat de les criptomonedes.

Perquè una stablecoin sigui sòlida, ha d'estar recolzada per diners reals pel mateix import de l'emès en criptomonedes, és a dir, Tether (USDT), per exemple, és la stablecoin més important del mercat, i la seva garantia, en la seva majoria, són bons del govern dels Estats Units, bons corporatius i dòlars pròpiament dits que validen cada unitat en circulació de USDT, és a dir, si hi ha 10 USDT, han d'haver-hi 10 el valor de 10 dòlars en qualsevol dels actius esmentats.

Com tot el sector, han estat en dubte per molts motius des de la seva creació, un dels més importants és la regulació, ja que, en certs països, igual que ha passat amb les criptomonedes, els reguladors han prohibit la seva emissió.

D'altra banda, hi ha hagut casos en els que algunes monedes estables, al no tenir el suficient suport o al no haver-lo gestionat bé, han caigut en l'oblit.

Ara que ja saps què són les monedes estables, anem a veure perquè la gent les confon…

Les CBDC i les stablecoins són totes dues cripto-actius vinculats o relacionats amb una moneda FIAT, ambdues tenen la possibilitat d'emetre's il·limitadament, ambdues necessiten d'un suport d'algun tipus per a ser considerades solvents i ambdues són creades per tercers de confiança.

Però la realitat és que hi ha moltes diferències entre les unes i les altres:

Les CBDC són com el nadó dels bancs centrals, mentre que les stablecoins acostumen a sorgir d'empreses privades o xarxes descentralitzades.

Les CBDC són monedes de curs legal, per tant, són monedes en si mateixes, així que no tenen un suport en diners físics, solen estar recolzades en una altra mena d'actius com deute públic o simplement la confiança i la credibilitat del banc central en qüestió. Les stablecoins, en canvi, han d'estar recolzades per actius tangibles.

Encara que ambdues utilitzen la blockchains, les stablecoins acostumen a funcionar en xarxes ja existents, mentre que les CBDC creen i controlen la seva pròpia xarxa.

	CBDC	Stablecoin
Emissor	Banc central	Empresa privada o xarxa descentralitzada
Centralització	Centralitzada	Centralitzada o Descentralitzada
Suport	Amb el suport d'un banc central	Recolzada per diners FIAT o altres actius
Tecnologia	Blockchain o DLT pròpia	Blockchain ja existent

És freqüent que la majoria es confongui entre l'una i l'altra a causa de la seva similitud, però és important diferenciar-les, sobretot de cares a la seva regulació, ja que, la similitud entre les CBDC i les monedes estables pot suposar un problema, perquè si els reguladors trien tractar les CBDC detallistes fora del marc legal existent per als cripto-actius, és important que s'assegurin de tancar qualsevol bretxa reguladora per a cobrir els riscos de les CBDC. La clau està en la regulació. Si bé ambdues monedes digitals poden coexistir en el futur, és fonamental que les regles del joc siguin clares i justes per a totes dues parts. Si afavorim a una sobre l'altra, podríem perjudicar el mercat.

Amb l'entrada de les CBDC, les monedes estables poden veure's afectades i moltes d'elles desaparèixer, ja que la majoria estan recolzades per moneda física (dòlar) en els bancs i com és previsible, una vegada surtin les CBDC en països clau on les monedes estables tenen cert poder, seran les principals enemigues, de fet, dues monedes estables descentralitzades importants, ja van ser atacades, no se sap realment per qui, i a causa d'aquests atacs una es va veure molt afectada (DAI) i l'altra va desaparèixer (UST).

¿Què les diferència del diner actual?

Per a poder contestar només a la pregunta de "**Quina és la diferència real entre les CBDC i les monedes FIAT actuals en format digital?**" hi ha moltes teories diferents, però, la realitat és que hi ha algunes diferències subtils entre les CBDC i les monedes FIAT en format digital que podrien tenir grans implicacions per al futur de la nostra economia.

Les CBDC són emeses directament pel banc central, mentre que les monedes fiduciàries digitals són emeses per institucions financeres i recolzades pel govern del país emissor.

Les CBDC poden ser dissenyades per a funcionar diferent de les monedes FIAT, es podrien dissenyar permetent transaccions directament entre persones i bancs centrals o persones (P2P) sense necessitat d'una institució financera com a intermediària.

Els diners FIAT digitals requereixen d'una connexió a internet, algunes CBDC estan desenvolupant funcionalitats per a operar sense ella.

Mentre que els diners FIAT en format digital actual són, simplement, una forma més convenient d'utilitzar els diners físics, la CBDC és una moneda digital completament nova que té com a suport la confiança i la credibilitat del banc central que l'emet.

El factor diferencial, sens dubte, és la blockchain o la tecnologia DLT amb tots els beneficis que ja hem vist que pot atorgar, sobretot, en quant al control que li pot permetre tenir al banc central de l'economia i de l'oferta monetària.

	CBDC	Diner digital tradicional (FIAT)
Emissor	Banc central	Institucions financeres recolzades pel govern del país emissor
Offline	Transaccions digitals tant online com offline	Transaccions digitals només online
Validesa	Moneda completament oficial per si mateixa	Forma més convenient del diner tradicional
Tecnologia	Blockchain o DLT pròpia	No disposa de cap tecnologia DLT

Si ets un ciutadà mitjà, com segurament és el cas, les diferències en la teva vida diària podrien semblar mínimes. Alguna vegada pots notar que les teves transferències són una mica més ràpides o que la interfície del teu banc ha canviat. Però, aparentment no notaràs grans canvis, per això, és normal preguntar-se quina diferència hi ha entre utilitzar com a mitjà de pagament les CBDC o fer-ho mitjançant una targeta de dèbit/crèdit o per "Bizum".

Tot aquest tipus d'operacions són realitzades per entitats financeres utilitzant els comptes bancaris dels clients. Aquestes operacions no estan recolzades completament pel banc central.

A més, els pagaments no necessàriament són immediats i en molts casos suporten comissions.

Amb les CBDC, els particulars accedeixen directament al seu propi compte en el banc central, sense necessitat de tenir al banc comercial com a intermediari. A més, hi ha conseqüències intrínseques en les CBDC que no hi ha en els diners actuals, com, per exemple, que, en ser diners programables, poden tenir data de caducitat, obligar-te a gastar-los mitjançant la "crema de diners" i saber exactament totes les teves transaccions sense que puguis escollir realment quina informació vols que sigui privada y quina pública.

OPINIÓ PERSONAL I REFLEXIONS

CAPÍTOL 6

¿QUÈ N'OPINA L'AUTOR DE TOT AIXÒ?

6. REFLEXIONS PERSONALS

I jo ara que faig?

Segons les últimes dades del FMI, 81 bancs centrals que representen el 76% de la població mundial, han mostrat interès per implementar les CBDC i, d'aquests, més de dos terços les implementaran abans que finalitzi la dècada, és a dir, la implementació és inevitable. Per tant, protegir-se dels riscos que pot provocar aquesta implementació o, si més no, mitigar-los és summament difícil, ja que no és només una nova moneda, sinó que és molt més que això, la implementació de les CBDC significa canviar totalment el sistema financer que tenim actualment.

Així les coses, hi ha persones que estan en contra de les CBDC i que el seu mètode per a eliminar d'arrel els riscos del nou ordre financer que està per venir és l'ecosistema de les criptomonedes.

Malgrat el que molta gent pensa, la majoria per desconeixement, les criptomonedes no són només un tipus de moneda digital (el nom de criptomoneda, per a mi, li fa un mal servei, al meu parer, un nom més encertat seria el de cripto-actiu), són molt més que això, sobretot gràcies a les DeFi que les converteix en tot un sistema financer paral·lel, de fet, conec a gent que treballa en el sector de les criptomonedes, que cobren en criptomonedes pel seu treball, que paguen en establiments que accepten criptomonedes i que totes les seves operacions del dia a dia, fins i tot demanar préstecs, els fan amb criptomonedes mitjançant les DeFi.

CBDC VS BITCOIN

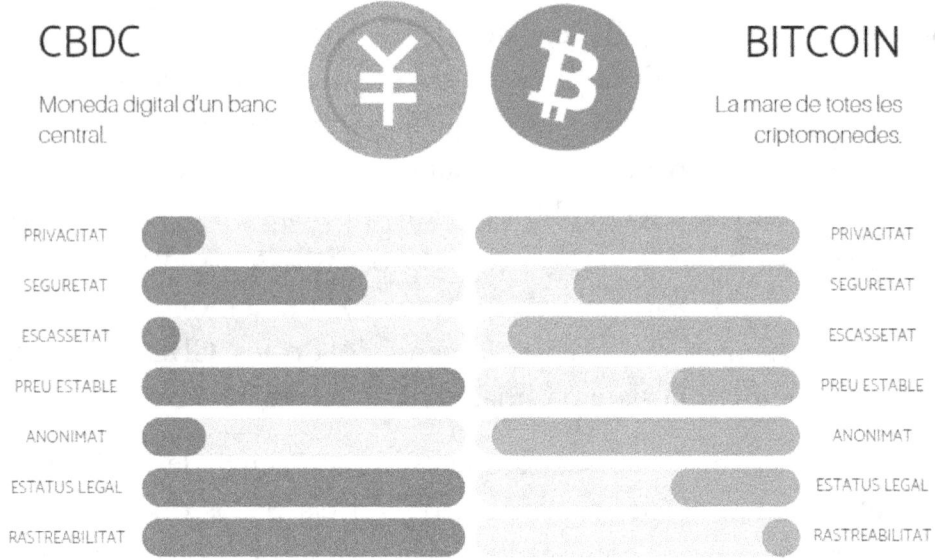

CBDC

Moneda digital d'un banc central.

BITCOIN

La mare de totes les criptomonedes.

	CBDC		BITCOIN	
PRIVACITAT				PRIVACITAT
SEGURETAT				SEGURETAT
ESCASSETAT				ESCASSETAT
PREU ESTABLE				PREU ESTABLE
ANONIMAT				ANONIMAT
ESTATUS LEGAL				ESTATUS LEGAL
RASTREABILITAT				RASTREABILITAT

D'altra banda, hi ha altres professionals del sector, que creuen que Bitcoin és l'única solució real als riscos de les CBDC, sobretot si ens enfoquem en la perduda de privacitat dels usuaris ja que, com he comentat en el capítol 5, les característiques de Bitcoin són diferents a les de la majoria dels actius financers digitals, entre elles les altres criptomonedes, ja que és la descentralització en la seva màxima expressió i la seva raó de ser és ser una reserva de valor i no un actiu d'inversió.

De fet, la creació de milers de criptomonedes sense valor real ha fet que la majoria de la gent vegi a les criptomonedes com a actius amb els quals invertir gràcies a la seva gran volatilitat, però això perjudica a Bitcoin, ja que no va ser creat per a invertir a curt termini, sinó per a ser una alternativa complementària real al sistema financer tradicional i una reserva de valor real gràcies als seus tokenomics, en canvi, les CBDC són inflacionàries per naturalesa, el fet de que es puguin programar y crear tantes unitats com vulguin, fa que cada unitat de CBDC valgui menys, i per tant, que perdem valor adquisitiu només estalviant, igual que passa actualment amb els diners FIAT, pots comprar pel mateix preu una cistella de la compra ara que fa vint anys? No veritat? Doncs és per això.

Al meu parer, Bitcoin és un actiu diferent i té totes les qualitats comentades anteriorment, realment crec que té potencial per a ser una alternativa a les CBDC, però, alhora, crec que la majoria de la gent no veu a Bitcoin amb els mateixos ulls, sinó que ho veuen simplement com un actiu per a invertir a curt termini i especular i això fa que l'argument anterior perdi pes. De fet, perquè Bitcoin pugui desenvolupar-se amb tot el seu potencial s'hauria d'adoptar de manera massiva, ja que quanta més gent l'utilitza, millor es desenvolupen aquestes característiques. Salvant distàncies, el funcionament de Bitcoin és semblant al dels telèfons mòbils al principi de tot, tenir només un telèfon no tenia sentit, no és útil, però, actualment, com tothom té telèfon, és un actiu importantíssim per a nosaltres. Doncs amb Bitcoin passa el mateix, si la majoria de la gent no ho implementa o ho fa com a mètode d'especulació, mai podrà arribar a ser una alternativa real a les CBDC.

A més, la majoria de les critiques atribuïdes a les CBDC les podem atribuir a les FIAT actuals, encara que potser en menor mesura. Per tant, Bitcoin pot ser una solució real pels defensors de la privacitat total, però la resta de la població seguramet adoptarà les CBDC sense majors problemes i les percebran, per desconeixement, com una millora al sistema de pagaments tradicional.

Alex, tu què opines llavors?

Hem passat del patró oro, al patró dòlar, encara que realment el patró és generar deute sense patró. Amb la creació de les CBDC, els bancs centrals adquireixen massa poder, molt més del que tenen actualment i com bé és sabut, quan una entitat té tant de poder sobre l'esdevenir de l'economia, té el control absolut de la mateixa i qualsevol error pot resultar mortal per a l'ordre financer mundial.

Un món sense liquiditat real com al que ens dirigim, és un món que es deu a si mateix molt més del que té, una cosa que, sens dubte, continuarà augmentant per com està dissenyat el sistema financer actual i sobretot el futur amb l'emissió de les CBDC. El deute i el coeficient de caixa excessivament baix genera dependència socioeconòmica, ajudes per part de l'estat i més deute en conseqüència, així successivament com el peix que es mossega la cua.

En aquest sentit, per als més cinèfils, la inestabilitat que es podrà crear és semblant a la que provoca "el professor" a la casa de paper en l'últim episodi de la sèrie, quan decideix emportar-se tota la reserva nacional d'or del Banc d'Espanya i canviar-la per la mateixa quantitat de lingots de llautó sense que això provoqui la fallida absoluta del país.

És a dir, les CBDC crearan diners del no-res sense cap suport real, l'únic suport serà la confiança que tinguem en el banc central i això, és el mateix que tenir lingots de llautó o galetes de xocolata, no té cap valor tangent real.

De fet, en un informe sobre les CBDC, el FMI explica el següent:

"És probable que les CBDC tinguin profundes implicacions per a la política monetària i l'estabilitat financera. Les CBDC podrien enfortir la usabilitat, resiliència i l'eficiència dels sistemes de pagament i augmentar la inclusió financera. No obstant això, si estan mal dissenyades, les CBDC també podrien conduir a riscos d'estabilitat financera, privacitat de dades i desafiaments legals, riscos cibernètics i riscos operatius del banc central. A més, l'ús generalitzat de les CBDC podria canviar la configuració del sistema monetari internacional. D'altra banda, el fàcil accés a les CBDC estrangeres podria generar riscos de substitució de divises i volatilitat dels fluxos de capital". És a dir, fins al FMI em dona la raó!

La tecnologia de les CBDC permet als bancs centrals exercir un control total sobre la població, però, d'altra banda, també permet crear un nou sistema financer totalment digital en el qual, tècnicament, aquestes poden ser utilitzades al costat de transaccions anònimes i privades, sense poder arribar a ser traçables. És a dir, depèn de com utilitzin la tecnologia serà benigna o maligna pels interessos del ciutadà, per aquest motiu, no dic que vagin a exercir un control total sobre la població, dic que amb les CBDC podrien fer-ho i això, al meu parer, ja és suficient, ja que depenem totalment de la voluntat dels bancs centrals.

Finalment hi ha una frase que m'agrada molt i que crec que em defineix molt com a persona: "La por acaba on comença el coneixement". Amb aquesta frase em refereixo al fet que, està bé tenir-li respecte (no por) a les coses que no coneixem, sempre que et deixin avançar, però si fas un esforç i investigues a fons sobre allò del que tens por, t'adonaràs de que tampoc era per a tant. Quantes vegades has tingut una por desproporcionada a alguna cosa que realment no era per a tant?

Per això t'animo a aprendre, sobretot en temes tan rellevants com els que hem tractat en el llibre i els que tracto amb alguns dels meus clients sobre finances personals. No li tinguis por a alguna cosa abans de conèixer-la i, si ho tens, posa-li remei mitjançant el coneixement.

Per això he fet aquest llibre, perquè per a nosaltres, els ciutadans del carrer, suposarà un canvi, a priori poc visible, però que pot arribar a vulnerar els nostres drets més fonamentals simplement pel nostre desconeixement, així que recorda la frase:

"La por acaba on comença el coneixement."

Ara, benvolgut lector, ve l'última part del llibre i haig de dir que no és una part indispensable, explico, ja de forma més tècnica, aspectes relacionats amb la tecnologia de les CBDC i el seu impacte. Per això, ets lliure de donar per acabat el llibre si ho creus convenient, només li recomano la lectura a aquesta mena de lector que vulgui aprendre la tecnologia que hi ha darrere i que ja tingui uns certs coneixements previs sobre el tema.

NOTES

Benvolgut lector, com he dit, et recomano que llegeixis aquesta part només si de veritat t'interessa alguna de les preguntes que hi ha, és a dir, aquest apartat no és més que una recollida de les preguntes que m'han anat fent al llarg del temps i crec que poden ser útils.

Preguntes freqüents (FAQ)

Què diferència una CBDC d'una criptomoneda?

Com hem vist al llarg del llibre, la diferència principal és que la primera està creada i regulada per un banc central i, per tant, és una moneda de curs legal, en canvi una criptomoneda és un actiu descentralitzat.

Per què es crearan les CBDC?

El motiu principal segons argumenten la majoria dels bancs centrals és combatre els punts febles que té l'efectiu, la realitat és que, la lluita contra el frau és un motiu, però combatre l'auge de les criptomonedes i, sobretot, el fet de que eliminar els diners en efectiu, significa poder regular i controlar les transaccions de tota la població més fàcilment.

Què canviaran les CBDC en quant al funcionament per al ciutadà?

Per al ciutadà mig serà molt semblant al sistema financer que vivim actualment, ja que la majoria dels pagaments es realitzen amb targeta o mitjançant el telèfon mòbil. Els canvis més rellevants són:

Podrem tenir múltiples comptes en una aplicació.

Podrem realitzar pagaments offline i amb el telèfon sense bateria.

La contrapartida a tots aquests avantatges és que el banc central tindrà disponible tota la informació sobre les nostres transaccions i els nostres comptes gràcies a la blockchain.

Depèn de si volen o no, podrien vulnerar els nostres drets, posant dates de caducitat als nostres diners, establint límits de tinença, etc.

Com es regularan?

Estaran regulades pel propi banc central i el govern del país o regió, a més, són monedes oficials de curs legal.

Quin paper tenen els bancs centrals en les CBDC?

Els bancs centrals tenen un paper principal, ja que són el principal agent en totes les transaccions i tenen totalment la paella pel mànec.

Quina CBDC és la més important?

Actualment l'e-iuan xinès sens dubte, tant per casos d'ús com per implementació i adopció.

Reemplaçaran completament als diners en efectiu?

Si, o si més no, aquesta és la intenció dels bancs centrals.

Bitcoin o or físic?

Potser la meva opinió és una mica diferent a la de la majoria, però si haig de triar, trio Bitcoin per tres raons:

És molt més fàcil de comprar i vendre i genera comissions i costos de transacció menors.

Els costos de manteniment, seguretat i transport són infinitament inferiors. Bitcoin pots emmagatzemar-lo en una wallet freda i estar tranquil, en canvi, guardar lingots d'or és molt més costós i es necessita molt més espai.

Tots dos són reserves de valor, però una de les característiques més importants d'una reserva de valor és l'escassetat i, malgrat que tots dos són escassos, sempre es podran trobar noves fonts d'or fent que augmenti l'oferta i afectant el preu a la baixa, en canvi mai es "descobriran nous bitcoins".

De fet, la història de l'or és molt més llarga que la de Bitcoin, però en el temps que han conviscut, el creixement de Bitcoin ha estat molt superior al de l'or, encara que en certa manera és normal, ja que la capitalització d'un i l'altre és molt diferent. Encara que, malgrat la seva recent creació, ja està dins del TOP10 d'actius més valuosos del món.

Un bitcoin és una blockchain?

No, un Bitcoin no és una blockchain.

1. Bitcoin: És una moneda digital o criptomoneda que es pot utilitzar per a comprar béns, serveis o simplement ser guardada com una forma d'inversió. Cada Bitcoin és un token digital que té valor i pot ser transferit entre persones.

2. Blockchain (Cadena de Blocs): És la tecnologia subjacent que permet l'existència i operació de Bitcoin. La blockchain de Bitcoin és un tipus de ledger o registre digital que porta un registre de totes les transaccions realitzades amb Bitcoin. Cada vegada que algú envia o rep Bitcoin, aquesta transacció es registra en un bloc, i aquest bloc s'afegeix a una cadena de blocs anteriors, d'aquí el nom "cadena de blocs" o blockchain en anglès.

Aquesta cadena de blocs, per què és tan segura?

La cadena de blocs o blockchain posseeix diverses característiques que contribueixen a la seva seguretat i confiabilitat, però ara ens centrem en 3:

1. Encriptació

 - La blockchain utilitza tècniques d'encriptació avançades per a protegir la informació. Cada transacció i bloc té una signatura digital única que és gairebé impossible de falsificar.

2. Descentralització

- A diferència dels sistemes centralitzats, on una sola entitat té control total, la blockchain està descentralitzada. Moltes computadores (nodes) en diferents llocs tenen una còpia de la cadena de blocs, i totes han d'estar d'acord abans que es pugui afegir un nou bloc. Això redueix el risc de frau i a la manipulació.

3. Consens

- Perquè un nou bloc s'afegeixi a la cadena, els nodes en la xarxa han d'aconseguir un consens, la qual cosa generalment implica resoldre un problema matemàtic complex. Aquest procés, conegut com a mineria en el cas de Bitcoin, assegura que només els blocs vàlids s'afegeixin a la cadena.

Què és l'encriptació?

Bitcoin utilitza diverses tècniques d'encriptació i criptografia per a assegurar les transaccions i controlar la creació de noves unitats.

1. Criptografia de Clau Pública (Public Key Cryptography)

Bitcoin utilitza un sistema de criptografia de clau pública on cada usuari té un parell de claus: una clau pública que actua com una adreça a la qual uns altres poden enviar bitcoins, i una clau privada que permet al propietari de la clau accedir i gastar els bitcoins enviats a aquesta adreça.

2. Hash SHA-256 (Secure Hash Algorithm 256)

SHA-256 és una funció hash criptogràfica que pren una entrada i produeix una cadena de caràcters de longitud fixa que sembla aleatòria. Bitcoin utilitza SHA-256 per a crear direccions i formar blocs en la blockchain.

3. Signatura Digital ECDSA (Elliptic Corbi Digital Signature Algorithm)

ECDSA és l'algorisme que s'utilitza per a crear una signatura digital per a cada transacció. Aquesta signatura prova que la transacció ha estat creada per algú que té la clau privada corresponent a la clau pública (adreça) des de la qual s'estan enviant els bitcoins, sense revelar la clau privada.

4. Prova de Treball (Proof of Work)

Encara que no és una tècnica d'encriptació per se, la prova de treball és un mecanisme que requereix que els miners resolguin un problema matemàtic difícil per a afegir un nou bloc a la blockchain, la qual cosa proporciona seguretat addicional contra els atacs.

5. Algorisme RIPEMD-160

RIPEMD-160 és una altra funció hash criptogràfica que s'utilitza juntament amb SHA-256 per a crear una direcció Bitcoin a partir d'una clau pública.

Aquestes tècniques criptogràfiques i algorismes treballen junts per a mantenir la integritat i la seguretat del sistema Bitcoin, assegurant que només els propietaris dels bitcoins puguin gastar-los i que totes les transaccions siguin verificables i segures.

I les CBDC utilitzen els mateixos mètodes d'encriptació?

L'encriptació i criptografia utilitzades en les Monedes Digitals de Banc Central (CBDC) poden variar d'una moneda a una altra, ja que cada banc central podria optar per tecnologies diferents segons les seves necessitats i regulacions específiques.

Què és SHA-256?

SHA-256, que significa Algorisme de Hash Segur 256, és una funció hash criptogràfica que pren una entrada (o 'missatge') i retorna una cadena fixa de 64 caràcters alfanumèrics, independentment de la longitud de l'entrada. La sortida, coneguda com hash, és única per a cada entrada única; fins i tot un canvi minúscul en l'entrada produirà un hash completament diferent. SHA-256 és dissenyada per l'Agència de Seguretat Nacional (NSA) dels Estats Units, i és àmpliament utilitzada en diverses aplicacions de seguretat, incloent-hi la verificació de la integritat de les dades i la generació d'adreces en la xarxa Bitcoin.

Com es genera una seed phrase (o frase llavor) tècnicament?

Tècnicament, la generació d'una frase llavor (seed phrase) involucra els següents passos:

1. Generació d'Entropia: Es genera un número aleatori d'una certa longitud, que és l'entropia.

2. Hashing: S'aplica una funció hash, com SHA-256, per a crear un checksum (suma de comprovació) de l'entropia.

3. Concatenació: El checksum s'afegeix al final de l'entropia.

4. Conversió: L'entropia concatenada es divideix en segments, i cada segment es converteix a un número.

5. Mapatge: Cada número es mapeja a una paraula d'una llista predefinida de paraules, coneguda com a diccionari BIP-39.

6. Frase Llavor: Les paraules seleccionades formen la frase llavor, que es pot utilitzar per a generar claus privades i públiques.

Aquest procés assegura que la frase llavor sigui única i difícil d'endevinar, proporcionant una base segura per a la gestió de claus en una cartera de criptomonedes.

D'aquests passos, quin és el més important per a fer-lo invulnerable?

El pas més crucial per a fer la frase llavor invulnerable és la Generació d'Entropia. Una alta entropia significa que hi ha una gran quantitat d'aleatorietat, la qual cosa fa que la frase llavor sigui impredictible.

Si l'entropia és baixa o si el procés de generació de números aleatoris és feble, un atacant podria predir o endevinar la frase llavor, comprometent la seguretat de la cartera associada.

Per tant, és vital que l'entropia sigui generada de manera segura i veritablement aleatòria per a assegurar la robustesa de la frase llavor.

Com es relaciona la frase llavor amb la xarxa blockchain?

La frase llavor no s'emmagatzema ni es relaciona directament amb la blockchain. No obstant això, s'utilitza per a generar les claus privades i públiques que permeten als usuaris interactuar amb la blockchain. Per exemple, enviar i rebre criptomonedes, o interactuar amb contractes intel·ligents. Les transaccions realitzades amb aquestes claus es registren en la blockchain, però la frase llavor roman fora de la cadena, guardada de manera segura per l'usuari. És una peça crucial d'informació que connecta als usuaris amb els seus actius en la blockchain, permetent l'accés i control sobre els seus fons.

Un exemple més clar d'aquesta interacció entre la frase llavor i la blockchain.

Imagina que la blockchain és un enorme caseller amb molts compartiments. Cada compartiment té un pany i només pot ser obert amb una clau única. La frase llavor és com una màquina màgica que pot fer claus.

Quan introdueixes la teva frase llavor en la màquina, et dona una clau que pots utilitzar per a obrir el teu compartiment en el caseller blockchain i accedir a les teves coses (com els teus Bitcoins).

Si algú més té una frase llavor diferent, la seva màquina farà una clau diferent que obrirà un compartiment diferent en el caseller blockchain. Per això és important mantenir la teva frase llavor segura, perquè qui la tingui pot fer una còpia de la teva clau i accedir al teu compartiment en el blockchain.

Però una frase llavor és una wallet?

No, una frase llavor és un conjunt de paraules generades a partir d'un número aleatori, que actua com la base per a crear les claus criptogràfiques (privades i públiques) que s'utilitzen en una cartera de criptomonedes. La cartera, d'altra banda, és una aplicació o dispositiu que gestiona aquestes claus i permet interactuar amb la blockchain, com enviar o rebre criptomonedes.

1. Frase Llavor

 - Generada una sola vegada, en crear la cartera.

 - S'ha de guardar de manera segura, ja que permet recuperar les claus i, per tant, els fons.

2. Cartera

 - Gestiona les claus generades a partir de la frase llavor.

 - Permet veure el saldo, rebre i enviar criptomonedes.

La relació és que sense la frase llavor, no podries generar o recuperar les claus de la teva cartera, i sense una cartera, no podries gestionar o accedir a les teves criptomonedes en la blockchain.

I on guarda la cartera la frase llavor per a utilitzar-la sense saber-la ni guardar-la?

Les carteres no guarden la frase llavor després que s'han generat les claus. És responsabilitat de l'usuari guardar la frase llavor en un lloc segur al moment de crear la cartera. Si la frase llavor es perd i l'usuari no té accés a la seva cartera (per exemple, si es desinstal·la la cartera o es perd el dispositiu), els fons emmagatzemats en la cartera es perdran irrecuperablement. Per tant, és crucial que els usuaris guardin la seva frase llavor en un lloc segur fora de la seva cartera digital.

Si, però utilitza la frase llavor, llavors, l'ha de tenir en alguna part?

La cartera utilitza la frase llavor per a generar les claus criptogràfiques la primera vegada que es configura, però no guarda la frase llavor pel seu ús continu. En lloc d'això, guarda les claus criptogràfiques generades. Si necessites restaurar la cartera, per exemple, si perds el teu dispositiu, hauries de proporcionar la frase llavor novament per a regenerar les claus i accedir als teus fons. Per tant, és crucial que guardis la teva frase llavor en un lloc segur a part de la teva cartera digital.

La mateixa frase llavor intentant accedir als saldos amb 2 carteres diferents generaran les mateixes claus públiques i privades?

Sí, si utilitzes la mateixa frase llavor en dues carteres diferents, es generaran les mateixes claus públiques i privades. Això és perquè la generació de claus és determinista, cosa que significa que a partir de la mateixa entrada (la frase llavor) sempre s'obtindrà la mateixa sortida (les claus). Això permet restaurar i accedir als teus fons des de qualsevol cartera compatible, sempre que tinguis la teva frase llavor.

Hi ha límit de creació de frases llavor?

No, no hi ha un límit pràctic en la quantitat de frases llavor que es poden crear. La quantitat de frases llavor possibles és astronòmicament gran a causa de l'alta entropia utilitzada en la seva generació. Encara que hi ha un límit teòric basat en la longitud de l'entropia i la grandària del diccionari de paraules, aquest límit és tan gran que per a tots els propòsits pràctics, es pot considerar que no hi ha límit en la quantitat de frases llavor que es poden crear.

Què és això del càlcul matemàtic per a validar un bloc?

El càlcul matemàtic al qual et refereixes és part del procés de "mineria" en blockchain. Per a agregar un nou bloc a la cadena, els miners han de resoldre un problema matemàtic complex, que és trobar un valor que, quan s'aplica a una funció hash juntament amb les dades del bloc, produeix un hash que compleix uns certs criteris.

Aquest procés consumeix temps i energia, la qual cosa ajuda a protegir la xarxa en fer que sigui difícil per als atacants alterar els blocs una vegada que s'han agregat a la cadena. També és la forma en què els miners guanyen noves monedes com recompensa pel seu treball.

Mentre estan calculant aquest valor, estan assegurant la xarxa o aquest càlcul realment no serveix per a res pràctic?

Mentre els miners estan calculant aquest valor, estan contribuint a assegurar la xarxa. Aquest càlcul dificulta l'alteració de les dades dels blocs anteriors, ja que qualsevol canvi requeriria recalcular la prova de treball de tots els blocs posteriors, la qual cosa és computacionalment inviable. A més, en competir per resoldre el càlcul, els miners dissuadeixen als atacants potencials, ja que necessitarien una enorme quantitat de poder computacional per a superar a tots els miners honestos i alterar la blockchain.

Per tant, encara que pugui semblar un càlcul arbitrari, és crucial per a mantenir la integritat i seguretat de la xarxa.

És com una manera de segellar el hash del bloc?

Exactament, el procés de mineria i el càlcul associat actuen com una manera de segellar el bloc. En resoldre el problema matemàtic, els miners estan essencialment creant un segell únic i verificable que valida el bloc i el seu contingut. Aquest segell, una vegada creat, ajuda a assegurar que el bloc no pugui ser alterat sense refer tot el treball, la qual cosa proporciona una capa crucial de seguretat i integritat a la blockchain.

I si aquest valor el troba només 1 miner, què passa amb els altres valors que havien trobat els altres miners? O han de ser diversos miners trobant alhora el mateix valor?

Quan un miner troba el valor correcte que satisfà els requisits del problema matemàtic, i el nou bloc és acceptat per la xarxa, els altres miners han de detenir el seu treball en el bloc actual i començar a treballar en el següent bloc. Els valors que havien trobat els altres miners per al bloc anterior ja no són rellevants. No necessiten trobar el mateix valor, el primer a trobar un valor vàlid i a tenir el seu bloc acceptat per la xarxa és qui "guanya" la recompensa de mineria per aquest bloc. Els altres miners simplement comencen a treballar en el següent bloc en la cadena.

Podria passar que trobin el valor vàlid dos miners alhora o amb molt poc temps de diferència?

Sí, és possible que dos miners trobin un valor vàlid per al problema matemàtic al mateix temps o amb molt poc temps de diferència. Això pot portar a una situació coneguda com a bifurcació (fork) temporal en la blockchain, on hi ha dos blocs vàlids que competeixen per a ser afegits a la cadena. La xarxa resoldrà aquesta bifurcació en continuar construint sobre el bloc que primer rebi més confirmacions d'altres miners, i eventualment, un bloc serà acceptat per la majoria de la xarxa mentre que l'altre bloc serà descartat.

I encara que un miner trobi el valor, els altres no l'acceptessin en la xarxa si no compleix amb uns certs requisits, correcte?

Correcte, encara que un miner trobi el valor, el bloc ha de complir amb uns certs requisits i regles establertes pel protocol de la xarxa per a ser acceptat. Els altres miners i nodes en la xarxa verificaran el bloc abans d'acceptar-lo i continuar construint sobre ell.

Si el bloc no compleix amb les regles, serà rebutjat per la xarxa, independentment de si el miner va resoldre correctament el problema matemàtic. Això ajuda a mantenir la integritat i la seguretat de la xarxa.

Quina diferència hi ha entre miner i node?

Un miner i un node són participants en la xarxa blockchain, però tenen rols diferents:

Miner:

Resol problemes matemàtics complexos per a validar i afegir nous blocs a la blockchain.

Rep recompenses pel seu treball.

Node:

Manté una còpia de la blockchain i verifica la validesa de les transaccions i blocs.

No rep recompenses directes per mantenir la xarxa, però contribueix a la seva seguretat i descentralització.

Tots els miners són nodes, però no tots els nodes són miners. Els nodes sense funció de mineria es coneixen com a nodes complerts o full nodes en anglès.

Quins incentius té un node de seguir aquí si no rep recompenses?

Els nodes, encara que no reben recompenses directes com els miners, tenen diversos incentius per a participar en la xarxa:

Seguretat i Descentralització: Ajuden a mantenir la xarxa segura i descentralitzada, la qual cosa és beneficiós per a tots els participants.

Verificació: Poden verificar les transaccions per si mateixos sense dependre de tercers, la qual cosa és útil per a negocis o individus que manegen grans quantitats de criptomonedes.

Contribució Comunitària: Contribueixen a l'ecosistema i ajuden a mantenir la integritat de la xarxa blockchain, la qual cosa pot ser una motivació ideològica.

Serveis Addicionals: Alguns nodes poden oferir serveis addicionals a altres usuaris i rebre ingressos per això.

Tens alguna pregunta més?

Deixa'm una ressenya dient-me què t'ha semblat el llibre i pregunta-me-la, aniré actualitzant el llibre amb les últimes novetats i afegiré les millors preguntes!

Agraïments

Una de les qualitats més importants que ha de tenir una persona és ser agraïda i, de fet, des del meu punt de vista, és una de les claus per a aconseguir la felicitat.

Primer vull agrair-li a la Mireia, la meva parella, que sempre és aquí en els bons i en els mals moments aguantant-me i us asseguro que no és fàcil.

En segon lloc, al meu pare, que ens va deixar fa poc mentre escrivia el llibre i mai tindrà la possibilitat de llegir l'obra del seu fill, i del qual encara em costa parlar sense entristir-me. Sens dubte, em va deixar el més bonic que et pot deixar un pare, un llegat i un orgull etern.

Com no, a la meva mare, per estar sempre amb mi, per donar-me la vida i per lluitar per mi com ningú ho ha fet.

També a la resta de la meva família, al meu germà, els meus nebots i altres, perquè, com bé va dir Michael J. Fox, la família no és una cosa important, ho és tot.

D'altra banda, al meu ex-professor i amic Marc Ricart Geli que ha estat una peça clau perquè aquest llibre existeixi, sens dubte una d'aquestes persones que inspiren i que mereixen ser reconegudes pels seus coneixements i pel seu esperit emprenedor.

No em puc oblidar d'en Toni Trueba, un gran amic i un crack en el seu treball, peça vital també perquè l'estètica del llibre sigui la millor possible.

En últim lloc, vull agrair-te A TÚ per haver llegit el meu primer llibre i espero que realment t'hagi servit per a aprendre sobre el diner del futur.

Per a acabar, et vull demanar que puntuïs el meu llibre i que escruixeixis un comentari per a expressar-me la teva opinió, per a ajudar-me així a reduir al màxim el desconeixement sobre un tema que ara ja saps que canviarà l'economia mundial però que continua sent summament desconegut (tot i que ja no per tu!).